CONTENTS

004　自序

007　Chapter1　生命靈數與彩色珠寶

011　1-1　如何計算生命靈數
　　　　　生命靈數的計算方法 / 生命靈數名詞解釋

014　1-2　不同靈數所對應的珠寶
　　　　　靈數與珠寶對應表 / 如何搭配正確的寶石

020　1-3　生命成長過程四階段
　　　　　初階階段：成長醞釀期 / 中階階段：吸收運用期
　　　　　高階階段：成熟發展期 / 終階階段：巔峰運用自如

022　Chapter2　數字人生

026　2-1　設定目標，勇往直前 ── 靈數【1】的你
　　　　　自我的象徵 / 對應寶石介紹－茶水晶、瑪瑙、黃虎眼石 / 佩帶寶石案例說明

038　2-2　敏感體貼，親切可人 ── 靈數【2】的你
　　　　　父母的象徵 / 對應寶石介紹－粉晶、菱錳礦、星光粉晶、粉紅色碧璽 /
　　　　　佩帶寶石案例說明

050　2-3　創意高手，善於溝通 ── 靈數【3】的你
　　　　　朋友的象徵 / 對應寶石介紹－月光石、拓帕石、海水藍寶、藍玉髓、天河石 /
　　　　　佩帶寶石案例說明

062　2-4　嚴以律己，誠實可靠 ── 靈數【4】的你
　　　　　工作與家庭的象徵 / 對應寶石介紹－黃水晶、鈦晶、琥珀蜜蠟 /
　　　　　佩帶寶石案例說明

074　2-5　熱愛冒險，勇於挑戰 ── 靈數【5】的你
　　　　　承擔的象徵 / 對應寶石介紹－
　　　　　男性：黑曜石、黑碧璽；年長者及小孩：白玉、白水晶、白色硨磲
　　　　　女性：綠松石；男性與女性：捷克隕石、綠幽靈、孔雀石、綠瑩石、祖母綠、翡翠玉石 /
　　　　　佩帶寶石案例說明

098　2-6　**犧牲奉獻，為愛而生 ── 靈數【6】的你**
愛情的象徵 ／ 對應寶石介紹－紅碧璽、紅玉髓、珊瑚、紅寶石、紅色老琉璃 ／
佩帶寶石案例說明

117　2-7　**追求真理，力求平衡 ── 靈數【7】的你**
智慧的象徵 ／ 對應寶石介紹－紫水晶、紫瑩石、紫黃晶、舒俱徠石 ／
佩帶寶石案例說明

128　2-8　**領導魅力，眾人愛戴 ── 靈數【8】的你**
權力與財富的象徵 ／ 對應寶石介紹－青金石、藍寶石、藍色碧璽 ／
佩帶寶石案例說明

137　2-9　**服務精神，腳踏實地 ── 靈數【9】的你**
大愛的象徵 ／ 對應寶石介紹－紅石榴石、橄欖石、葡萄石、碧璽 ／
佩帶寶石案例說明

146　2-10　**一切數字之母 ── 靈數【0】的你**

147　**Chapter3　流年、流月與流日**

149　3-1　**何謂流年、流月、流日**

150　3-2　**如何計算**
流年的算法 ／ 流月、流日的算法

155　3-3　**流年數與寶石的對應關係**
流年數1~9的能量解碼 ／ 依流年數佩戴寶石

158　**Chapter4　神奇的珠寶**

160　4-1　**常見的寶石類別**

163　4-2　**選購珠寶教戰守則**

自序
認識生命靈數
勇敢做自己

我們的心靈需要呵護，不能因為外在挫折讓自己耽於黑暗、陰冷、無助的情緒隘口。從認識生命靈數來知道「我是誰！」，並且知道「我該怎麼做！」；雖然無法立即獲得解藥良方，但如果有著堅定的意念，搭配自身靈數的特質，一定能夠否極泰來，走出自己的困境模式，重新替自己的人生注入新的力量。生命靈數在歷史上已有4000年以上的記錄。它是古代先知的生活準繩，更是古代先知提領性靈的生命原則。如果了解自己存在數字所象徵的意涵，可以幫助我們從中汲取改變的力量，勇敢活出自我。

生命靈數是經由猶太教法學博士的系統化，古希臘數學家畢達格拉斯及其弟子，將其中數字詮釋，且揭露出生命的奧妙之處。畢達格拉斯堪稱是「數字學」或「占數學」之父。他對生命結構的看法與其生活精神理念，是影響西方各神祕學派的發展基礎，他結合數字、幾何、算數與符號，成就了一門生活統計科學，也就是生命靈數的源頭。

「數字支配宇宙」~畢達格拉斯

畢氏理論認為，世間萬物皆由「數」所組成，每個數字都有其獨特個性與能量，每

個數字更有其特殊性格和代表的意義，因此他以數學詮釋世間現象，並將世間萬物的能量以1-9的數字表記，所得的公式與解釋，廣泛應用於醫藥、物理、生物、心理、社會等科學，及至人文藝術、建築美學等各範疇。

　　希臘占數在歐美風行已久，然而讓大家最感興趣的，莫過於根據數字的意義與能量，解讀不同的出生年、月、日。畢氏理論提出，數字不只是用來測量物件的工具，數字同時具備能量與頻率；當然不致像「達文西密碼」等電影中的詭譎神秘，但是千年來的諸多數據顯示，數字的確深入影響了人類的生活。就像璀璨耀眼的寶石，都是歷經千萬年的風化淬鍊，累積了天地間各種能量；若是能搭配適宜個人的數字能量，就可以發揮加乘輝映的效果。

　　學習生命靈數(占數)是了解自己與他人的捷徑。人類追求幸福的經歷，有時像爭凶鬥狠的戰場一般，有人可以是美妙的樂章，也有人是寂寥的音符。多數人喜歡歸咎命運的無奈；其實生命靈數是創造命運而非宿命論。運用無限可能的生命發展特性，透過0-9各種符號與能量意義，更深入的了解，

並熟悉的運用在生活各個面向，將可以帶領你敞開學習生命奧妙之門，更重要的是它讓你明白，每個人都能藉由自己的努力與後天的學習，重新當自己生命的主人。

彩色寶石的神奇力量

　　長期以來，我經營珠寶的生意近20年，在這之中除了發掘寶石的迷人之處以外，更令我讚嘆與驚訝的是天然寶石的能量與磁場。在星座書上常會有誕生石的介紹，誕生石的由來眾說紛紜，其中一種是在舊約聖經裡所記載，在猶太教祭司的護胸甲裡鑲了12顆寶石；另一種是在新約聖經裡提到，在耶路撒冷的城牆上裝飾了12種的寶石。由來究竟為何，至今也沒有人會去探討，留給世人的，只是對於寶石力量的崇拜，相信配帶對的寶石，能替自己帶來好運。

　　寶石的神祕力量，自古就受到人們的尊崇，各種的神話傳說也被後人所流傳，姑且不論傳說的是否正確，但令人無法否認的是寶石本身所蘊含的磁場能量。對於寶石力量的運用十分的廣泛，例如開發潛能、冥想、改善健康、趨吉避凶、招財增運、穩定情緒……等不可勝數。選擇一顆適合自己的

幸運石，讓寶石能因不同的佩帶者而釋放出不同的能量，與佩帶者產生共鳴。這本書是利用生命靈數的分類方式，讓每個人在更了解自己之餘，也能夠知道如何針對自己的生命靈數，去挑選真正屬於自己的寶石。

數字裡的玄機

也許有人好奇，各式各樣的心理分析方法，和生命靈數有何差異？靈數沒太多玄虛和理論。它只是歸納統計，運用我們切身相關的數字，例如：出生的年／月／日來解釋並了解自身個性的優劣勢，再透過學習，瞭解自己在生命中該學習些什麼，更明白每個人的人生課題，藉由對自身的認識來提升自己的心靈，並圓滿譜織出和諧的人生。

了解自己，是21世紀必備的能力之一。每個人都擁有獨特的生命密碼，藉由生命靈數數字與色彩寶石的配搭及顏色運用與了解，曾經幫助我從迷惘中找到方向，也協助我在工作中找到勇氣與力量，並得到很豐盛的啟發。如果你願意運用探索，不管是私密的內心世界，或是幫助療癒曾經受傷的心靈，就有可能發掘到自己被忽略的特長、天賦，那麼恭喜你，你和我一樣尋覓到個人生命中彌足珍貴的數字珍寶了！

– GRACE

Chapter 1
生命靈數與彩色珠寶

第一章 | 生命靈數與彩色珠寶

色彩璀璨的寶石世界，讓人悠遊其中而且樂而忘憂。經營珠寶生意近20年，很多人問我：珠寶對人們有甚麼幫助？在古代科學尚未普及的時候，人們將寶石視為宇宙的恩賜，大自然力量的來源就像日月星辰般的充滿神秘與能量。

能量就是生命，生命就是時間。從2000年起，結合生命靈數的神祕學開始盛行，長期的研究之下，更讓我看到每個生命的獨特與美麗，就如同寶石般的閃亮動人、獨一無二。

從21世紀開始，更多的人們發現物質背後的力量來源是心靈能量的一種趨使。藉由了解生命靈數的密碼與寶石色彩的神祕力量，發現透過寶石高度集中的能量體，經由寶石獨特的能量震動，與獨特性的設計搭配可以整合人們身體與心靈的和諧與平衡，進而達到轉化心想事成的願望！

21世紀預防醫學自癒療法已從「自我認識」開始著手。「我是誰？」是一首生命奧妙之歌，每個人都想唱出最好的詮釋。坊間各式的算命神學林林總總，數量之多，可以想像人們對於自己的生命過程是多麼渴望得到一個美好的結果。然而，生命不是用來「知道」的，而是來學習、了解、經驗到體會，然後再接受、享受它。

本書將透過分享生命靈數與彩色珠寶結合，從心出發，看見內在信念、到感覺、到行動，透過佩帶專屬設計的幸運寶石，而達到心想事成，這是一種捷徑。在生命靈數的藍圖裡，學習不是比較，只是單純地內觀自己並了解別人，尊重生命的差異性，可以減少情緒的障礙，進而在靈性的領域中，將意識延伸得更寬廣，並擴展引發身體行動的爆發力，且付諸更有自發性的執行力與耐力，自然而然心想事成，奇蹟恩典必是常見！

這是以身心靈平衡為基礎觀念，並祈願每個生命都能夢想成真的一本書。筆者希望透過欣賞寶石色彩的美學，及生命靈數藍圖的指引，進一步了解，在龐大縝密的命運網絡中，找到一條清晰、有軌跡可循的人生方向。讓讀者因堅定的信念，讓自己的生命，透過不斷地自我學習，與團隊或家庭的支持，而擁有豐沛的心靈力量，付諸行動改變並創造自己的理想，過著靈性且富裕的人生。

祈願全宇宙生命 平安喜樂

歡迎所有走不一樣人生路的人們，勇敢的迷路著。並在替自己決定且負全責後，都能尋回自己真正的富樂自在人生。

— GRACE

01 如何計算生命靈數

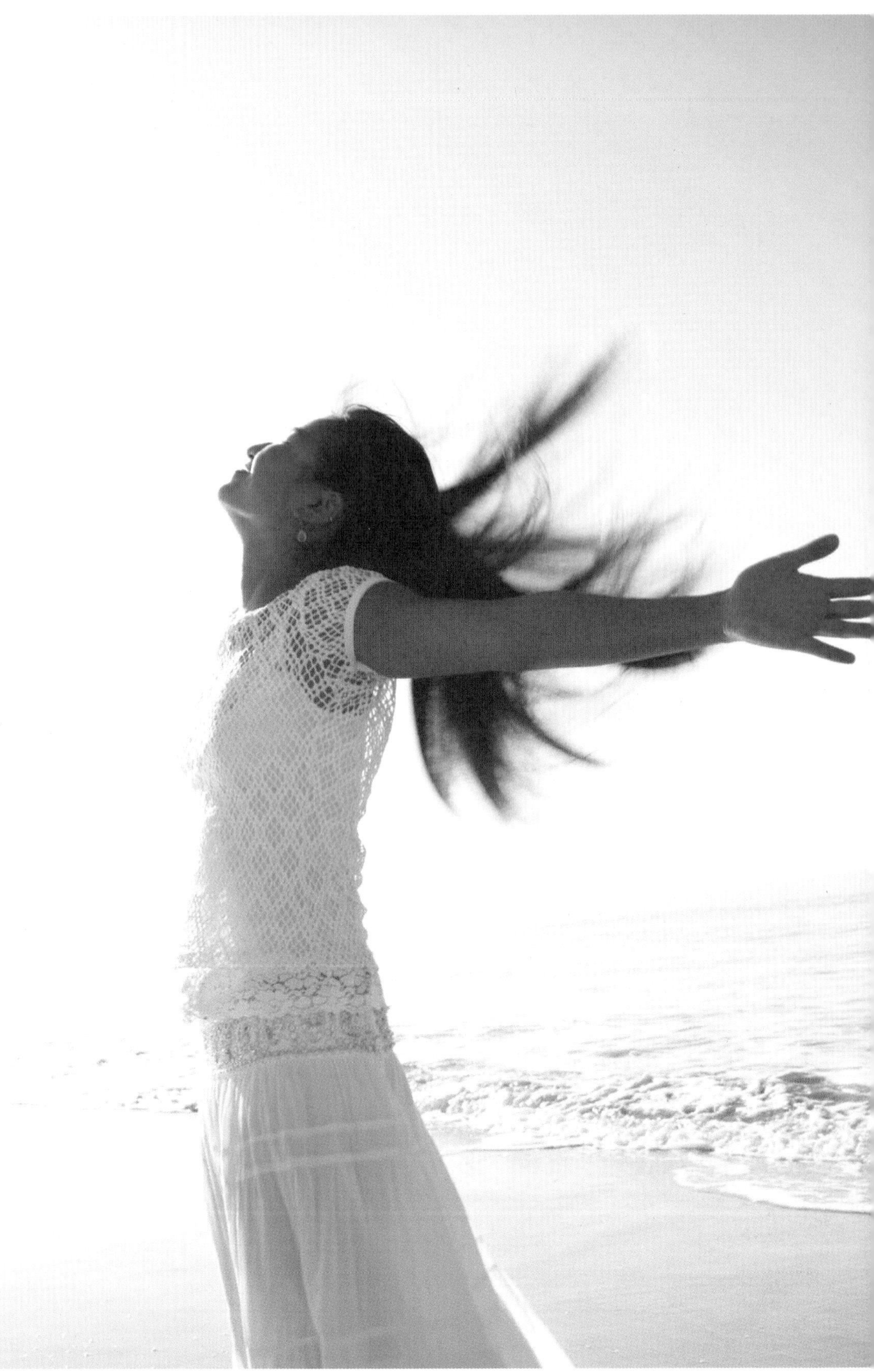

生命藍圖除了先天數、後天數、主命數的能量牽動外，個人特質的展現，還有生命圖表內兩種數字的引動，也有著息息相關之力量。(即顯性數及隱性數)

例如：

某君　西元1969年1月12日

1+9+6+9+1+1+2=29

2+9=11　　1+1=2

先天數　1969/1/12
後天數　29/11
主命數　2
顯性數　1數5個、2數3個、9數3個
隱性數　3、4、5、7、8

請算出自己的生命藍圖

姓名：　　　　　　　　男　　　女

生日：西元　　　年　　　月　　　日

1	4	7	
2	5	8	
3	6	9	0

先天數：
後天數：
主命數：
顯性數：
隱性數：

 1　　　4　　　7

 2　　　5　　　8

3　　 6　　 9

Point ｜ 生命靈數名詞解釋

先天數（年月日）

意思是我們的出生日期，與我為什麼在這個時空出現有關；先天數代表個人的本質、個性、人格特質、習性、條件、先天的能力，所帶來的工具與本錢，也是最原始的「我是誰？」的元素。

後天數（過程數）

年月日加總後的兩位數

意思是你後天要學習及經歷或要加強或開發的潛能，也可以做為我們往生命數的中途站，是挑戰也是大禮物；此數也反映了一個人面對問題與解決問題的態度與方式。

主命數（總和數）

加總後的兩位數，再相加所得的一位數

意思是個人主要修練的目標與議題，也是此生要來完成的目的。主命數是性格上最明顯展示你對外的一面，個人的生涯會不斷的碰到這個數字蘊含的挑戰與課題。主命數揭露一個人與生俱來的才情，想要追求的事物，以及必須努力學習的人生主題。

顯性數

是呈現此人性格的外在數字，顯性數就是外人眼中自己的模樣，當然與真正的自己有所不同。

隱性數

意思是命盤中所沒有的數字。生命靈數幫助我們了解人生中可能發生的各種矛盾與衝突。這可以幫助你觀察個人所缺乏的靈數背後的意涵，可以幫助自己明白內在的不足。缺數都是生命最美的地方，因為面對生活的各式挑戰，才會有所經歷與成長，你會因為明瞭而改善，未來就收穫滿滿。

愛與蛻變的啟航

　　真正的「命運」之說，讓自己內省，知道什麼事情才是個人打從心底覺得快樂，且無怨無悔、樂此不疲的事。真正的「天意」之說，讓你明瞭個人所擁有的天賦與才華，甚至探索服務真正的真諦與使命。生活以追求快樂為目的，生命以發揮天賦為要義，靈魂以感受自在為喜悅。總之，在展開行動之前，我們必須認識真正的自我。

　　天造萬物不管是動物、植物或是礦物，都是有優、劣、正面、負面。生活中只有善用積極正面的角度，才能找到幸福與成功。相反的，如果對每件事物，都是抱持著負面的思考，只會讓自己耽於失敗、痛苦的困境！所以……命是參數，不是定數，因為老天慈悲，讓每個生命在每個當下都有重新選擇的機會！

數字　1

象徵　自我
代表　創造
顏色　棕色系(咖啡色)
礦石　茶水晶、瑪瑙、黃虎眼石

數字　2

象徵　父母
代表　自信
顏色　粉紅色、珊瑚色
礦石　粉晶、菱錳礦、星光粉晶、粉紅碧璽

數字　3

象徵　朋友
代表　表達
顏色　淡藍色(閃或透)
礦石　月光石、拓帕石、海水藍寶、
　　　藍玉髓、天河石

數字　4

象徵　工作／家庭
代表　穩定
顏色　黃色
礦石　黃水晶、鈦晶、琥珀蜜蠟

數字　5（男）

象徵　承擔
代表　自由
顏色　黑色
礦石　黑曜石、黑碧璽

數字　5（男與女）

象徵　承擔
代表　自由
顏色　綠色
礦石　捷克隕石、綠幽靈、孔雀石、
　　　綠螢石、祖母綠、東菱玉、
　　　矽孔雀石、翡翠玉石

數字　5（年長者及小孩）

象徵　承擔
代表　自由
顏色　白色
礦石　白玉、白水晶、白色硨磲

數字　5（女）

象徵　承擔
代表　自由
顏色　藍綠色
礦石　綠松石、天河石

數字　6

象徵　關係
代表　愛情
顏色　紅色 / 橘色
礦石　紅碧璽、紅瑪瑙、珊瑚、紅寶石、
　　　紅色老琉璃

數字　7

象徵　修行 / 創業
代表　智慧
顏色　紫色、淡紫色
礦石　紫水晶、紫瑩石、紫黃晶、舒俱徠石

數字 8

象徵　財帛 / 權力
代表　財運
顏色　深藍色、金色
礦石　青金石、藍寶石、藍色碧璽

數字 9

象徵　大愛 / 完成
代表　服務
顏色　紫紅色、橄欖綠
礦石　紅石榴石、橄欖石、葡萄石、
　　　西瓜碧璽

與彩色珠寶
生命靈數

不同靈數所對應的珠寶

02

不同顏色及象徵、不同數字及能量該如何挑選？

1. 針對生命靈數的"隱性數"搭配寶石

例：陳小姐 出生日期1973/1/30
先天數：1973/1/30
後天數：24
主命數：6
顯性數：1數2個、3數2個
隱性數：5、8

數字	顏色	礦石
5	黑色(男)	黑曜石、捷克隕石、黑碧璽、墨翠
	綠色(男與女)	捷克隕石、綠幽靈、孔雀石、綠瑩石、祖母綠、東菱玉、矽孔雀石、翡翠玉石
	藍綠色(女)	綠松石、天河石
8	深藍色、金色	青金石、藍寶石、藍色碧璽

2. 不管生命數為何，
針對想加強的能量搭配寶石

王先生想增強財運，即可選擇8數對應的深藍色與金色寶石—青金石

1-3 | 生命成長過程四階段

豐盛的生命從此開始—

　　人的命運永遠無法比較。每一個人來到世間學習，都是為了讓我們完成這一世的人生課題與終極目標。而我常思考一件事，如果我們都了解自己在社會環境裡，個人角色扮演的意涵，是否可以在順遂情況下協助並影響自己與社會的互動關係，並獲得真正的勇氣與尊崇。

　　透過「生命靈數」有趣、輕鬆、俏皮又不失真的方式，走一趟輕鬆又好玩人生旅程，有何不可？最重要的是，當你花了一番功夫學習後，可千萬不要給自己劃上「左右為難的框框喔！」別忘了人生是來經歷"體驗"的，所以要好好的玩他一場。

天賦決定性格，努力則決定天賦

　　　　　　　　　　　　　　　　　　—法國名諺

　　生命總會賦予各式的順境與逆境，如果我們細心一點，就會發現人生就像一條長河，在開始與終點之間還有許多起承與轉折（如佛家言：到了都還沒到…）。人們透過學習征服了困境，攀登另一個高峰，之後又是不斷地攀登、超越，就如同自然定律—春夏秋冬的四季循環。所以在人生循環裡的青春歲月；夏季中年、秋後晚冬—我稱之為人生的生命自然更替循環，也就是生命靈數的四個階段。

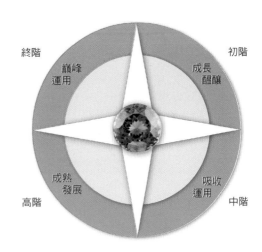

終階　初階

巔峰
運用　成長
醞釀

成熟
發展　吸收
運用

高階　中階

生命靈數的四大階段

初階階段：成長醞釀期的生命狀態與生活態度

大約是指從出生開始，歷經童年與青少年的時期，這段時間內是我們一生當中，腦力學習最多、吸收最快的時候，它包含了個性的養成、價值觀的建立、生活環境的外在影響、成長過程的家庭背景……等，是最基礎的架構時期；在這個階段裡，往往會因為生活經驗不足，或是年輕氣盛的原因，讓靈數特質中的缺點一覽無遺，當然並非所有人都是如此。

中階階段：吸收運用期的生命狀態與生活態度

這段時間大約是青壯年至接近中年的年齡階段，在這個階段，我們通常都已完成了學校的學業，進入了社會工作，對人生而言又是一個新的里程碑。隨著工作經驗的累積，更能學習到以往不同於校園的生活方式，在職場上努力的工作、看見社會的現實面、待人處世的應對進退……等，在此階段，通常會開始省思自己的過去與未來，並想辦法讓自己變得更好。

高階階段：成熟發展期的生命狀態與生活態度

這個階段大約是中年時期，隨著時間的累積，在職場上有了一定的職位與經歷，結婚生子的家庭生活，開始擔心的是小孩的未來，與自己退休後的生活。在這段時間裡，原有的個性已被社會所磨練過，所以知道如何去做自己所擅長的，如何去突顯自己的優勢，生活經驗的累積，讓自己更清楚的知道自己要的是什麼。

終階階段：巔峰運用自如的生命狀態與生活態度

當人生開始步入老年，過去所努力的一切將決定著這時期的豐收與否。論語曰：「七十而從心所欲不踰矩」，意思是隨著自己的心念去做事，卻不會逾越該有的禮貌規矩；雖然不是所有人都能達到如此的境界，但當生命已走到這個時期，人生也進入了黃昏期；相較於以往，不會再有太多的欲望渴望被滿足，而是能運用長年累積的智慧過簡單的生活。

Chapter 2
數字人生

第二章 | 數字人生

人的一生，高低起伏多雜交集，在經歷背叛、榮辱的過程後，我們不禁要問.....我是誰？？為何而來？？要往哪裡去？？我們關心的愛情、健康、學業、財富、人際關係，為什麼因緣際會、造化弄人。所有的問題，其實都必須回到生命的源頭，從了解自己開始。不認識自己，便無法明白自己的方向，像駕駛一部不知目的地的車子，找不到理想位置。在生意商場近20年，我熱衷接觸不同的人事物，也在身心靈課程領域鑽研好長一段時間，希望找出一種捷徑，可用簡單、有效、又好玩的方式，與人溝通交流互動，從而了解對方的內在渴望。2000年初接觸生命靈數，加以鑽研分享至今，決定冒險再挑戰自己生命另一個顛峰，勇敢地做更多的嚐試與分享…。

筆者希望用言簡意賅的方式，讓人易學易懂，容易入門，讓讀者在最短時間內，了解生日數與性格，並快速增加好的人際關係，同時希望這本書，也帶給大家閱讀的樂趣與滿足。

每個人都擁有一組自己神聖的數字密碼，這是由古希臘數學之父畢達格拉斯，透過科學統計歸納後，完整的集結，讓人們能在快速的時間認識自己、了解自己，開發潛能，並增進與他人互動，全面的改善人際關係，數字珍寶是一條最簡單又輕鬆容易的道路，歡迎你快樂又輕鬆成為自己生命的主人。

– GRACE

2-1 | 生命靈數【1】的你

時鐘準確地指出標準時間，九十度的指針代表大家能有一個舒適的Tea Time，大多數的人起身到茶水間倒茶、泡咖啡，原本安靜的辦公室逐漸活絡起來，這時的談笑是被允許的。

「這個蛋糕很好吃，它可是網購的熱門商品，大家吃吃看……」一個女人說。

「昨天我老公又替公司接到一個大case，看來下個月的獎金不少……」另一個女人開了口。

偌大的辦公室只剩一人仍專注於工作，他從不理會「Tea Time」，那是不長進的人才會盼望的時刻，人就該像啄木鳥般地認真工作，這個人是公司創意商品比賽的翹楚，也是這個部門的主管－邵興。

邵興剛進公司時就以執著與熱情的態度受到上司的肯定；經過半年的洗練，邵興更突顯出與眾不同的創意能力，強大的能力確定了領導者的地位，愈有異軍突起的本事就愈能穩固地位，也更能踏上更高的階梯；半年的時間邵興由一位新進人員成為這個部門的主管，值得注意的是他並不是踩著別人的功績爬上主管的位子，「一代名將萬骨枯」並不適用於邵興。

「紹興也真是的，工作歸工作，也要有適當的放鬆嘛，再說，這裡他是頭頭，沒人管的到他。」帶蛋糕來的女人說。

「是啊，聽說他之前為了商品比賽的計畫連假日都跑來公司加班，哎！我老公才不會這麼笨咧。」以老公為榮的女人說。

「也太認真了吧……！」在場的一位男士說，語氣聽得出酸葡萄在成長。

「不過這也是為什麼，他比我們晚進公司，而現在卻是我們的主管。」

「這或許是他可以步步高昇的原因吧！」同事們七嘴八舌的閒聊著。

紹興是個充滿活力與熱情的年輕人，在學生時期他就是有名的冒險王，養蟑螂、為玉蘭花嫁接、設計環保衣服等都是他人生中註記的一筆，這些事情不必邵興親自出馬，在他的周圍總有一群崇拜者，他只需下個指令即可。

踏出校門後面臨的是永無畢業日期的社會大學，這個大學的畢業日就是所謂的「蓋棺論定」，絢麗的校園生活無法套用於百計千謀的社會，拿捏與收放成了他要學習與改善的首務，可惜的是邵興並沒有想到這個課題，因此同事間的評價成了遺憾的瑕疵，在工作能力上，大家不得不認同他的能力，然而在人際關係方面卻是一個負面的包袱。

紹興挾著能力自重，在他的眼中別人的意見總是輸自己幾分，升上主管時，雖然部屬表現良好，但邵興都無意給與掌聲，他認為大家不過是按著他的指示實行，說穿了就是一些人體機器；即使部屬的意見值得採納，邵興依舊固執地相信是他個人構思的延伸，而不是同事真正有良好的能力。

時鐘過了九十度，邵興立即要部門同仁開會，他說：「下一個目標是設計出一個能站著使用，也能坐著打字的電腦，這種既能運動又同時工作的電腦桌一定會大受歡迎，大家有一個星期的時間，下個星期的今天每個人都要交出一份設計圖。」

「這種東西好賣嗎？」酸葡萄男子很疑惑。

「歐洲都設計出來了，不過只有站著使用電腦的功能，我們若是加上坐著也能使用就是一種更新的產品。」

「不會侵犯到別人吧？」酸葡萄男子仍是有懷疑。

「沒有七分的把握我是不會說的。」

時鐘準時運轉，七天之後三分之二的人交出設計圖，沒有交的人邵興立刻言明在年底前必須接一個大案子，否則年終獎金必定會縮水。

邵興早已對提案有所構思，看過同事的設計圖後確定自己的想法是正確且可行的，他整理之後呈報上去，很快地，上級立刻找他為新產品成立專案計畫。

Point | 自我的象徵

個性剖析

　　數字1所象徵的是所有能量的源頭，而生命靈數1的人通常是充滿了活力與熱情，愛冒險、直覺力強、自我意識強烈、自命不凡。獨樹一格的個性讓他不甘於平凡，是個創意十足的點子大王，做事積極主動、強勢果斷，相當具有領導者的風範，但缺點是過度自我、自私，作風強硬。

象徵圖騰

代表意義

　　太陽、開始、自我

人格表現

初階表現：
　　樣樣通樣樣鬆、固執己見、不容易信任別人、猜忌心重、無法獨立、只會向外發射、不懂接受別人，就只有我我我。

中階表現：
　　領導、相信別人、有領導者的風範。

高階表現：
　　發揮創造力，也能有無中生有、意志力、專注力、自信心、篤定。

終階表現：
　　天下第一念(思想設計師)。

天賦才能：
　　當一門學問的深耕專家、以身做則、以心帶人、以德服人。

幸運顏色

　　棕色、咖啡色。

對應寶石

　　茶水晶、瑪瑙、黃虎眼石。

1_茶水晶
促進傷口再生能力，活化細胞及提升免疫力，恢復青春。有助於事物分析的能力、掌握事物的能力以及提升個人品味。其中以排除濁氣及穢氣，避邪效果最佳。強化海底輪，因此針對女性可調解血氣不順，也對婦女病有強化治癒的功能；另外針對男性的性功能有顯著的增強作用。

2_玉髓(天然玉髓)
玉髓是最具療效及治癒功能的寶石之一，例如：可平衡正負能量，針對消化系統，改善胃痛、減低壓力及消除精神緊張。維持身心靈和諧，增強愛、勇氣及忠誠，可帶來富足、長壽及幸福，有保平安、避邪、招財及聚財的作用。可以帶來信心，激發勇氣，使人勇敢的寶石；做人能堅守原則，做事能貫徹始終；因此可增強肉體生命力。

3_虎眼石(虎眼石大衛星墜)
虎眼顧名思義就是老虎的眼睛，象徵勇氣，使人勇敢、大方、向前衝，擴大事業版圖與格局；發揮有如老虎般的王者力量而成就名利。

Point │ 對應寶石介紹

茶水晶

　　具有促進傷口再生能力及活化細胞。

　　生命靈數1的你，平時專注於工作的忙碌，如果佩帶茶水晶，可善用水晶的能量，活化細胞，讓腦袋思緒清晰，有助於事務分析與掌控的能力。另外，茶水晶有放鬆精神、安定神經的功效，對於工作壓力大的你，增進良好的睡眠品質也十分的有幫助。

《茶水晶的傳說》

　　自古以來被尊崇為「驅除惡靈之石」，用於預知未來以及驅除惡靈。可以防小人、濁氣；據說如果失眠無法入睡的話，只要將茶水晶置於床下即可改善睡眠品質。

玉髓

　　玉髓是最具療效及治癒功能的寶石之一。

　　對於靈數1的你而言，佩帶玉髓可平衡體內的正負能量，針對消化系統，改善胃痛、減低壓力及消除精神緊張，讓平時因工作而疲憊不堪的你獲得舒緩。在精神方面可以增強愛、勇氣及忠誠；可以帶來信心，激發勇氣，提高積極性，給予行動力，讓你不只是在職場上呼風喚雨，在日常生活中也能有亮眼的表現。另外，基於它本身強大的治癒能量，十分適合體弱多病、或大病初癒的人佩帶。

《玉髓的傳說》

　　古羅馬人認為佩帶玉髓可以驅煞避邪，同時玉髓也是月神黛安娜的守護石，可以趕走夜晚出現的幽靈和幻覺，而且可以趕走憂傷；據說也可避免巫術的侵擾，對於常旅行在外的人，可保平安並避面負面能量，是很好的護身符。

虎眼石

　　虎眼顧名思義就是老虎的眼睛，深具洞察力，象徵勇氣。

　　靈數1原本就象徵了積極主動、衝勁十足，而佩帶虎眼石能使你更加的勇敢、大方，擴大事業版圖與格局，發揮有如老虎般的王者力量，提升事業運與金錢運，並提高集中力與注意力。金黃色代表財富的聚集與流動，而黃色本身對應太陽神經叢、臍輪，針對暴飲暴食後身體的不適有重新淨化的功能，並可為身體帶來溫暖的感覺；對於支氣管炎、哮喘、感冒症狀，有改善的作用，也能加強關節與骨骼，安撫及鎮定新陳代謝的神經系統。

《虎眼石的傳說》

　　虎眼石也稱為「眼之寶石」，據說埃及神像的眼睛大都鑲入了虎眼石，羅馬人也相信此石是授予神力的護身符。長期以來人們相信這"眼"所發出的光，就像老虎的眼光一樣強，可以驅除穢氣，守護所佩帶的主人。

茶水晶

（針對改善精神狀況與增強穩定之能量佩帶）

1981/11/14
1+9+8+1+1+1+1+4=26　　2+6=8

先天數　1981/11/14
後天數　26
主命數　8
顯性數　1數有5個、8數2個
隱性數　3、5、7

由於1數在2000年前出生的人們皆具備，無缺1數的情況，故來探討1數較多的案例。若同一個數字超過3個以上的話，則能量過強，易偏了方向。

此個案的陳小姐本身從事房仲業，她為人豪氣、敢拼敢衝，短短幾年在業界中就做得有聲有色，經濟收入極佳。（這和她出生年月日中，具有5個1數的特色十分相符；1數能量強的人就像個驍勇善戰的戰士，衝勁十足。）但因為主命數是8，非常愛好面子，對於名牌商品的購買花錢如流水，反讓自己陷入月光族的窘境；但是在朋友面前卻

依舊是出手大方，唯有身邊最親近的家人知道她真實的財務狀況。家人幾番的關心勸告，她卻總是惱羞成怒的回：「錢再賺就有！」（這和1數過多，容易主觀、自我為中心、剛愎自用有關。）一段時間下來，卡債累累，導致自己精神壓力過大，開始夜夜失眠，看到她面容憔悴，在私下單獨關心詢問之下，她才對我透露出真實的情況。

因此，推薦她佩帶茶水晶，淺咖啡色系，這能讓佩帶的人思路清晰，也會更實際的評估自己的花費，這樣穩定的能量，有助於改善她胡亂花錢的習慣。另外，佩帶茶水晶對於飽受失眠之苦的人也有相當程度的幫助。當陳小姐的狀況穩定後，開始會參考他人的建議，嘗試改變自我的消費習慣並養成記帳的好習慣；加上詢問比較各類還款方式，細心的做財務規劃。半年後再遇到她時，她整個人精神奕奕，負債的問題也早就迎刃而解。

黃虎眼石

（針對加強陽性力量而佩帶）

      1982/3/22
      1＋9＋8＋2＋3＋2＋2＝27   2＋7＝9

      先天數 1982/3/22
      後天數 27
      主命數 9
      顯性數 2數4個、9數2個
      隱性數 4、5、6

小楊，人如其名，個性像隻 "小羊" ，雖然有著高壯的外表，但卻有著十分纖細的內在，說起話來輕聲細語、小心翼翼，深怕得罪他人。在職場上，雖然有著很好的學歷、資歷，辦事能力頗強，卻不敢挑戰更好的職務，他自己也不知道在怕什麼，雖然很想晉升到更高階的位子，卻遲遲沒有行動，只能眼睜睜的把絕佳的機會拱手讓給他人。

此個案的2數偏多，個性頗具細膩、溫和的一面，但由於1數只有一個，缺乏積極與衝勁，為了補充他更陽性的力量，建議他佩帶虎眼石，增加陽性、雄性的能量，讓行事更果斷，態度更大氣，如同萬獸之王－老虎一般，強化他對事業的企圖心，鞏固在世俗社會中的地位身份與名聲。佩帶虎眼石後，小楊開始積極的爭取案子，推薦自己當仁不讓，行事作風變得更為果決，連帶解決案子的效能也大為提升；漸漸地，大家都以他的意見馬首是瞻，而他也成為公司的中流砥柱，下半年度的升遷名單中不意外的找到他的名字。

棕色玉髓

（針對加強自信與勇於突破之能量佩帶）

      1959/1/15
      1＋9＋5＋9＋1＋1＋5＝31   3＋1＝4

      先天數 1959/1/15
      後天數 31
      主命數 4
      顯性數 1數4個、5數2個、9數2個
      隱性數 2、6、7、8

阿明是個兩個小孩的爸爸，在公司裡雖然叉到老闆的讚賞，可是對於自己的未來卻心存疑惑，他內心覺得無論再怎麼努力，也

無法讓自己的薪水更上升一層樓，在一個偶
然的機會下，接觸了某知名的健康產品直銷
體系，眼見大家都做得有聲有色，他心裡也
想嘗試看看，卻不知如何推展才好。

　　由於1數是純陽的能量，是生命的源
起，有創造事物的渴望，這股力量要落實可
借助棕色玉髓的能量，讓自己在面對日常生
活中的人事物更得心應手，行為務實、腳踏
實地的做事，有助於物質層面的改善；但如
果是針對追求靈性成長的修行者，就較不適
用了。棕色玉髓在能量上的影響是和緩的，
不是大起大落，而是按部就班，讓你用穩定
的頻率提升自己，循序漸進。

　　阿明佩帶棕色玉髓後，以自己的肥胖為
測試重點，按照產品的使用規則服用，一、
兩個月後就明顯的消瘦下來，他成為最佳的
產品見證者，公司想減重的人都選購此項直
銷產品，時機成熟後，阿明便毅然決然離開
公司，全心全意建立他的直銷王國，從此不
再須要為家裡的日常開銷或是孩子的教養費
而傷神。

今天是國小一年級新生報到的日子，許多小朋友像橡皮糖般的黏在父母親或阿公阿嬤的身旁，說什麼樣都不肯踏進教室門口，在家長半哄半騙下不情願的走進教室，邊走邊回頭看，好像教室是個關孩子的地方，他們掛著一臉的無奈，有些小朋友甚至開始放聲大哭，似乎一進教室就會失去親人。

有位小女生哭得特別大聲，只聽到她一直說：「我不要進去，我不要上學，我不要－，媽咪……，我不要進去，哇－」女孩任性地舞動雙手和雙腳，眼淚佈滿臉龐，口水從兩邊的嘴角直直的垂到衣襟。

她仰望著媽媽，媽媽既心疼又無奈的蹲下來替她擦去眼淚。

「寶貝，要聽話，你看同學都進教室了，再哭哭的話，會被其他小朋友笑喔。」

「我不要，我不要離開媽咪，我不要，哇－。」女孩的哭聲更大了。

老師堆起滿臉笑容，友善又親切的走過來跟小女生與媽媽打招呼。

「小朋友，妳叫什麼名字？不要哭了好不好，我是你的新老師，要上學才是好孩子，中午媽媽就會來接妳了。」

只見女孩緊緊的抓著媽媽的衣角，一手擦著自己臉上的淚水，她的眼光是恐懼的，嘴上仍是一連串的「我不要、我不要」。

媽媽一臉歉意地向老師說：「我已經向她『教育』好久了，昨天還開心的說『明天我就是一年級了』，誰知道隔一個晚上就哭成這樣。」

「她應該從小就很依賴吧？難道沒上幼稚園嗎？」老師問。

「是啊，從小就這樣，一到幼稚園也是又哭又鬧，我幾乎不能離開她的視線，所以幼稚園就斷斷續續地唸著，去一天、停三天，唉！」

事出必有因，一般的孩子在幼稚園與小學銜接時並不會有太大的適應問題，頂多由導師安撫幾句，並告知小學和幼稚園並無太多差別時孩子就可以接受，唯獨眼前這個小女生。

老師和媽媽詳談之下才知道女孩生長在單親家庭，從小就和媽媽兩人相依為命，小小的年紀會幫媽媽做一些簡單的家事，例如幫忙收拾碗筷、幫忙摺好衣服並放置妥當；媽媽如果身體不舒服，她還會貼心的替媽媽倒水，提醒媽媽吃藥的時間。唯一的缺點就是十分依賴媽媽，晚上睡覺時沒有媽媽在身邊陪伴，她就開始哭鬧，直到媽媽出現在她面前，讓平時幫忙帶她的阿姨有時候也覺得無奈。

女孩害怕走進教室後就會失去媽媽。在老師與媽媽合力保證中午就可以放學，並且媽媽會親自來帶她，好不容易女孩才答應進入教室，媽媽把女孩的手交給老師，她跟媽媽說再見後，小小的身影慢慢的走進教室，邊走仍邊回頭看媽媽，臉上的淚痕還清晰可見。

Point | 父母的象徵

個性剖析

　　煉金師葛哈德・道恩認為在開天闢地的第二天，天與地分離時，2就產生了，所以2象徵了所有的物質。生命靈數在2的你，代表著從和諧中走向糾紛、結合中走向對應，因此靈數2的你，與所有衝突、分離息息相關，但也同時意味著破壞與建設的革命精神。個性敏感體貼，但缺點是有時容易沒有主見，過度依賴。

象徵圖騰

代表意義

　　陰、自信、父母

人格表現

　　初階表現：
　　風吹兩面倒、沒有主見、依賴、說謊、隱形者、碎碎念、沒耐性。

　　中階表現：
　　平衡、合作、與人互動、親和力佳、體貼、念舊情。

　　高階表現：
　　內斂、沉穩、善分析、誠實並表達自己、會明確地拒絕。

　　終階表現：
　　分辨真偽、善於諮商、傾聽就能知道癥結。

　　天賦才能：
　　眼光銳利、直覺力超強、能夠挑出別人會遺漏的細節。

幸運顏色

　　粉紅色、珊瑚色

對應寶石

　　粉晶、菱錳礦、星光粉晶、粉紅色碧璽

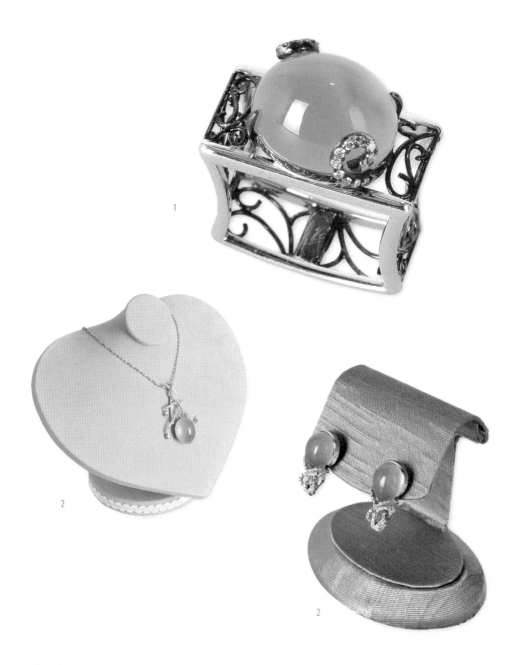

1_粉晶(粉晶蛋面戒)
可開發心輪且促進情感發達，代表追求愛情、把握愛情及享受愛情。另外粉晶可改善人際關係、增加人緣，並招來生意緣，因此粉晶絕對是服務業最佳的利器；它可以發現自我、提高悟性、協助深入內心。

2_星光粉晶(星光粉晶墜)
星光粉晶是粉晶中屬於較高的等級，在寶石裡可看到如星光般燦爛的光芒。其寶石能量比一般粉晶更強。

靈數 2 的人

02

Point | 對應寶石介紹

菱錳礦（菱錳礦墜）
帶給你熱情、活力、刺激及建設性的靈感。給予你樂在生活的能量，品嚐人生的酸甜苦辣，當你希望戀情到來的時候，菱錳礦也會發揮其效果與作用。

粉晶

代表追求愛情、把握愛情及享受愛情。

粉晶又稱「玫瑰水晶」，它可開發心輪且促進情感發達，也可改善人際關係、增加人緣，對於靈數2的你而言，讓原本親和力就不錯的你，能有更多的人脈，並招來生意緣，因此粉晶絕對是服務業最佳的利器。另外它也可以提高自我的悟性、協助深入內心。

《粉晶的傳說》

在粉晶的能量中，它具有療癒過去情傷、疼愛自己的能量。在希臘神話中，粉晶是「愛與美」的女神－阿芙蘿狄蒂所居住之地，自古以來就被認為是守護愛情與成就戀情的寶石；至今仍象徵著誠實的愛情。另外佩帶此石，還能增加魅力與自信，改善人際關係。

菱錳礦

熱情、活力、刺激及建設性的靈感。

菱錳礦又稱為「印加玫瑰」，靈數2的你，體貼細膩的個性十分適合佩帶，它能平衡肉體、精神、感情三方面；給予你樂在生

活的能量，誠實的面對並表達自我，品嚐人生的酸甜苦辣，當你希望戀情到來的時候，菱錳礦也會發揮其效果與作用。

《菱錳礦的傳說》

在古印加人的觀念裡，他們將菱錳礦尊崇為「粉紅玫瑰的珍珠」，是相當重要的寶石，它也象徵了「愛與純潔」。據說人們只要擁有它，就可以有豐富的愛情，也可以療癒內心的傷痛。菱錳礦所蘊含的寶石能量遠大於紅寶石，所以與其單純的拿來當飾品佩帶，更應該把它當成守護石來看待。

星光粉晶

星光粉晶是粉晶中屬於較高的等級，在寶石裡可看到如星光般燦爛的光芒，其寶石能量比一般粉晶更強。

粉紅色碧璽

充滿靈性與願望的七彩寶石。

碧璽的顏色十分多樣，有紅色、粉紅、藍色、綠色、黃色、褐色、黑色……多達15種，其中以紅色最為珍貴。紅碧璽的顏色沒有正紅或大紅，主要是深淺不等的桃紅色，

當顏色淺的時候就成為粉紅色。

隨著碧璽顏色的不同，所散發出的能量也不同。靈數2的你，本身的幸運色就是粉紅色，加上靈數2對於人際關係的經營方面原本就比較得心應手，如果佩帶粉紅色碧璽，藉由它的靈性功能助力之下，會更容易加強自身的勇氣與信念，化解人與人之間的隔閡。另外在感情上，也會增強對異性的吸引力，增加愛情及友情的運勢。

《粉紅碧璽的傳說》

碧璽的英文名稱是Tourmaline，是由古僧迦羅語「Turmali」衍生而來，原意是指混合寶石，因為沒有任何的寶石能像碧璽這樣有著彩虹般的豐富色彩。粉紅碧璽據說會加深戀人間的愛情力量，其他的顏色，例如：紅色可以散發個人魅力、黃色可以招財、藍色可以讓思緒清澈等。

Point | 佩帶寶石案例說明

粉晶

（針對隱性數2佩帶，以補強所需之能量）

案例：1989/4/30
1+9+8+9+4+3+0=34　　3+4=7

先天數　1989/4/30
後天數　34
主命數　7
顯性數　3、4、9數各2個
隱性數　2、5、6可佩帶
　　　　　2數→粉紅/珊瑚色
　　　　　5數→綠/藍綠色
　　　　　6數→紅色

　　瑜玲是主命數7特質的最佳代表，長得白白淨淨，帶點冷冷的氣質，外表看起來非常矜持，每次看到她，都是整齊得體，然而她在感情的路上走得並不順遂。

　　瑜玲對談戀愛沒安全感，並且會鑽牛角尖，只要稍微感覺對方有一點兒不對勁便開始追查對方的行蹤，三不五時就來個奪命連環call，若是call不到對方，她就開始胡思亂想，然後不由得焦慮起來，幾次的戀情就毫無理由的無疾而終。

　　這種對於感情沒有信心的情況源自於瑜玲的童年，年紀尚小時父母親極度不和，但雙方都為了孩子而忍住離婚，她的媽媽卻因此而過度情緒化，和丈夫發生爭執後經常責罵瑜玲：「就是因為你，我才離不開這個家，要不是為了妳，我早就和他分道揚鑣了。」母親將所有的錯都歸咎在瑜玲身上，時常一而再、再而三的向瑜玲「說明」她是一個絆腳石。

　　孩童時期常聽的話就像是魔咒一般，在她的心裡發酵並緊緊地招著她，瑜玲總覺得一切都是自己不好，或者說她永遠覺得自己不夠好，沒有自信的情結也一點一滴的滋生，長久累積下來便成了瑜玲的個性，而成年之後更無法跳脫負面心結，蹦到事情時她會先自我批判，凡事都追求完美，她對自己十分的嚴苛，認為不對或不好的事都是由她造成的，因此常處於焦慮之中，她的情緒也影響到身邊親近的人。

　　粉水晶/粉紅色最神奇的力量是〝無條件的愛自己〞，接納自己，撫平情感的創傷、溫暖情緒，讓生命中難以放下的部份軟化，先對自己溫柔，懂得對自己好，才再延伸到對別人溫柔，而吸引別人想親近的氛

圍。

瑜玲佩帶一段時日之後，也許是相由心生的關係，不僅是內心變得溫柔，連外表看起來也不太一樣了，顯得更柔和、平靜、親切，看起來平易近人，距離感消失了，跟人的互動就愈來愈頻繁，慢慢的大家也能親近她，容易欣賞她的優點，不到一個月就有真愛來敲門，兩人濃情密意，相知相惜……

菱錳礦

（針對隱性數2佩帶，以補強所需之能量）

```
1978/6/18
1+9+7+8+6+1+8=40    4+0=4
```

先天數　1978/6/18
後天數　40
主命數　4
顯性數　1、4、8數各2個
隱性數　2、3、5可佩帶
　　　　　2數→粉紅/珊瑚色
　　　　　3數→藍色
　　　　　5數，黑色

主命數4的阿勇是個沉默寡言、惜字如

金的人，個性一板一眼，外表看起來十分老成，與別人說話聊天時，通常是別人問一句他回答一句，而且回答亦都簡短無比，幾乎不會主動開啟話題，而別人也無法從他的問答中接下話題讓談話持續。阿勇平常的生活除了工作外，下班就回家打線上遊戲，是個典型的宅男性格。

阿勇從小就不太知道該如何與人相處應對，學生時期幾乎沒有朋友，不善言詞的他在同事間一向獨來獨往，這讓他的生活更為孤單，「朋友」對他而言是個遙不可及的名詞，而在經歷過一次被劈腿的感情創傷後，讓他更加的喪失自信，也就越來越封閉自己的情感，他寧可和不會說話的電腦做朋友，也不願意和同事互動。

菱錳礦十分適合天生冷感的人，適合被動消極、生活平淡無趣、人際關係疏離的人。在佩帶菱錳礦後，它的能量會喚起原有的熱情，重新產生與人連結的渴望，結交朋友，拓展人脈，與人分享互動，也會重現對愛情的信任。

在阿勇佩帶菱錳礦一段時間後，他逐漸的能參與同事的對話，在一次偶然的機會，

阿勇被朋友拉去公益團體擔任志工，在當志工的過程中，他重新體會到與人互動的開心以及付出的快樂感，他變得樂於付出與分享，現在除了上班時間之外，都積極參加活動，同事的聚會也經常看到他的身影，不到一年的時間，阿勇就成為團體中重要幹部，也藉由活動的機會，認識了熱情大方，又善解人意的志工艾薇，阿勇不再封閉自己，他積極且主動的追求自己的幸福，不久之後倆人就一起攜手走向人生的另一段旅程。

粉紅碧璽

（針對隱性數2佩帶，以補強所需之能量）

```
1990/6/14
1+9+9+0+6+1+4＝30      3+0＝3

先天數  1990/6/14
後天數  30
主命數  3
顯性數  1數2個、3數2個、9數2個
隱性數  2、5、7、8可配帶
        2→粉紅/珊瑚色
        5→綠/藍綠色
        7→紫色
        8→深藍色/金色
```

曉敏身材高挑，有著一頭俐落的短髮，獨特個性式的臉龐加上舞藝精湛，在女校就讀時受到學妹們的尊敬。曉敏個性活潑豪邁，是個路見不平就會拔刀相助的人，跟任何人都可以輕易成為朋友，毫不怕生的特質，讓她有著一卡車的男性友人，大家像哥兒們一般地相處。「愛情」這兩個字很難跟她聯想在一起，姐妹們很想幫她，就在曉敏生日時送一條粉紅碧璽項鍊給她，希望她能早日找到屬於她的Mr. right。

碧璽屬多色性的寶石，從紅、橙、黃、綠、藍、靛、紫都有，另外還有黑色，各種顏色各有各自對應的屬性，這裡的粉紅碧璽，直接對應的就是愛情了。也因為碧璽的色澤十分多樣，有各種層次的粉紅、紫紅、紅色……，每顆碧璽都是獨一無二，因此很難有兩顆以上相同色澤、亮度的碧璽。

若是佩帶粉紅色碧璽，能讓佩帶者慢慢醞釀、展現出自己獨特的美好，並且堅定自己的愛情觀，為自己心中理想的感情堅持，不會三心二意也不會隨意屈就，能夠耐心等待欣賞自己獨特之美的另一半，這樣的另一半才是真正的真命天子。

佩帶後，曉敏愈來愈能欣賞、了解自己的女性特質，並且慢慢的彰顯出來，說起話來也逐漸地輕聲細語。男生們雖然訝異她的轉變，卻也喜歡改變之後溫柔體貼的曉敏，紛紛表達出愛慕之意。後來她接受了認真踏實的英豪，兩人經常甜蜜的出雙入對，成了眾人眼中的金童玉女。

朋友準備要生第二胎，某天我抽了個空去探望她，才剛按了門鈴就聽到她家老大的聲音：「來囉！請問是哪位？」

孩子開門見到是我，立刻開心的説：「原來是阿姨啊，好久不見了！您請進來，我去叫媽媽。」

進入屋內男孩立刻説：「阿姨請坐。」他同時擺了一個邀請的手勢。

「阿姨要喝什麼？我家有點心，不管是餅乾、蛋糕都有，只要您吩咐一聲我立刻拿給妳，喔！我先去告訴媽媽再拿點心。」還來不及回話，他就迅速的跑進廚房。

「不用叫啦，在房間就聽到你的聲音了。」朋友挺著大肚子慢慢的走到客廳。

「這孩子就是這樣，見到熟人來就十分慇勤的招待，説話不得體的地方不要見怪啊。」朋友笑著説。

「這樣很好啊，活力十足，有些小孩客人來了連看都不看一眼，盯的不是電視就是電腦。不過怎麼才一陣子沒見到他，就已經長這麼大了。」我由衷的説。

「長大歸長大，個性還是像小孩子一樣，要他安靜一會兒就像判他死刑一樣。」朋友這麼回答，但是臉上有滿足的表情。

「阿姨喝茶。」話才説完，朋友的寶貝兒子已經準備了飲料和點心端到我面前，並且在朋友的身旁坐了下來。

沒多久功夫，孩子大概是聽大人們的話題無聊了，跑進房間換了衣服出來。

「媽，我出去了，我跟同學有約。」
「去哪？」

「就……就出去閒逛一下吧，好啦，我出去囉，阿姨掰掰！」他笑得一臉燦爛。

孩子一出門，家裡瞬間安靜了許多。

「妳有這個兒子，永遠都不嫌無聊吧。」我笑著對朋友説。

朋友回答説，孩子活潑好動，又聰明機伶，闖禍了就一溜煙的跑得不見人影，總要她這個當媽的出來收拾善後，簡直和電視上的蠟筆小新沒兩樣，有時候做出來的事常令她哭笑不得，罵也不是、稱讚也不是。雖然才準備念國中，出門前也開始會注意自己的髮型、穿著，對著鏡子一照就是好幾分鐘，孩子的人際關係良好，常常會邀請朋友到家裡來，玩得天翻地覆是常有的事。

她摸摸隆起的肚皮笑著説這一胎可千萬別像他哥哥一樣，不然家裡都要被他們鬧得不得安寧了。

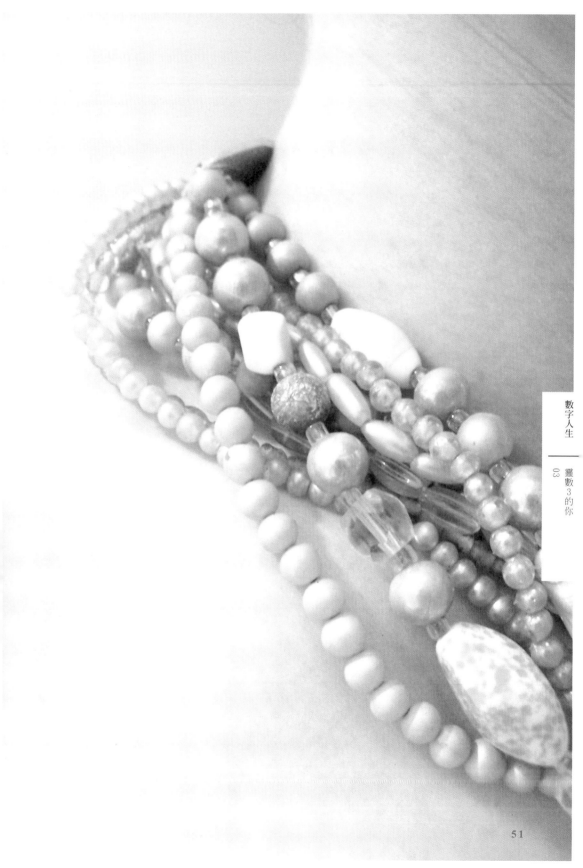

靈數3的你
03

Point | 朋友的象徵

個性剖析

靈數3的人十分在乎形象，社交手腕高，有孩子般的特質、精力旺盛、充滿興奮、勇於追求夢想，出其不意的愛現、熱愛追求新的事物，適應力強、個性活潑外向、活力四射。但缺點是容易誇大其詞、揮霍浪費，太過注重表面而流於膚淺。

象徵圖騰

代表意義

人際關係、表達、朋友

人格表現

初階表現：
任性、固執、理想化、愛批評、無法完整表達自己的意見而苦悶、敏感且情緒化（像個孩子般不明事理）。

中階表現：
跳脫思維、換個角度看而取得新創意、展現自信、才華、能夠接受別人的意見與看法。

高階表現：
樂觀進取、善溝通、把不相干的事物產生連結、熟練品味、能以新創意展現新事物。

終階表現：
完成遠景、向外傳播理想（把愛傳出去）、了解真善美、完成夢想。

天賦才能：
善於溝通、連結、擁有創意才華、能看出 / 找出 / 做出事物、讓作品能呈現更佳的模樣。

幸運顏色

淡藍色（閃或透）

對應寶石

月光石、拓帕石、海水藍寶、藍玉髓、天河石

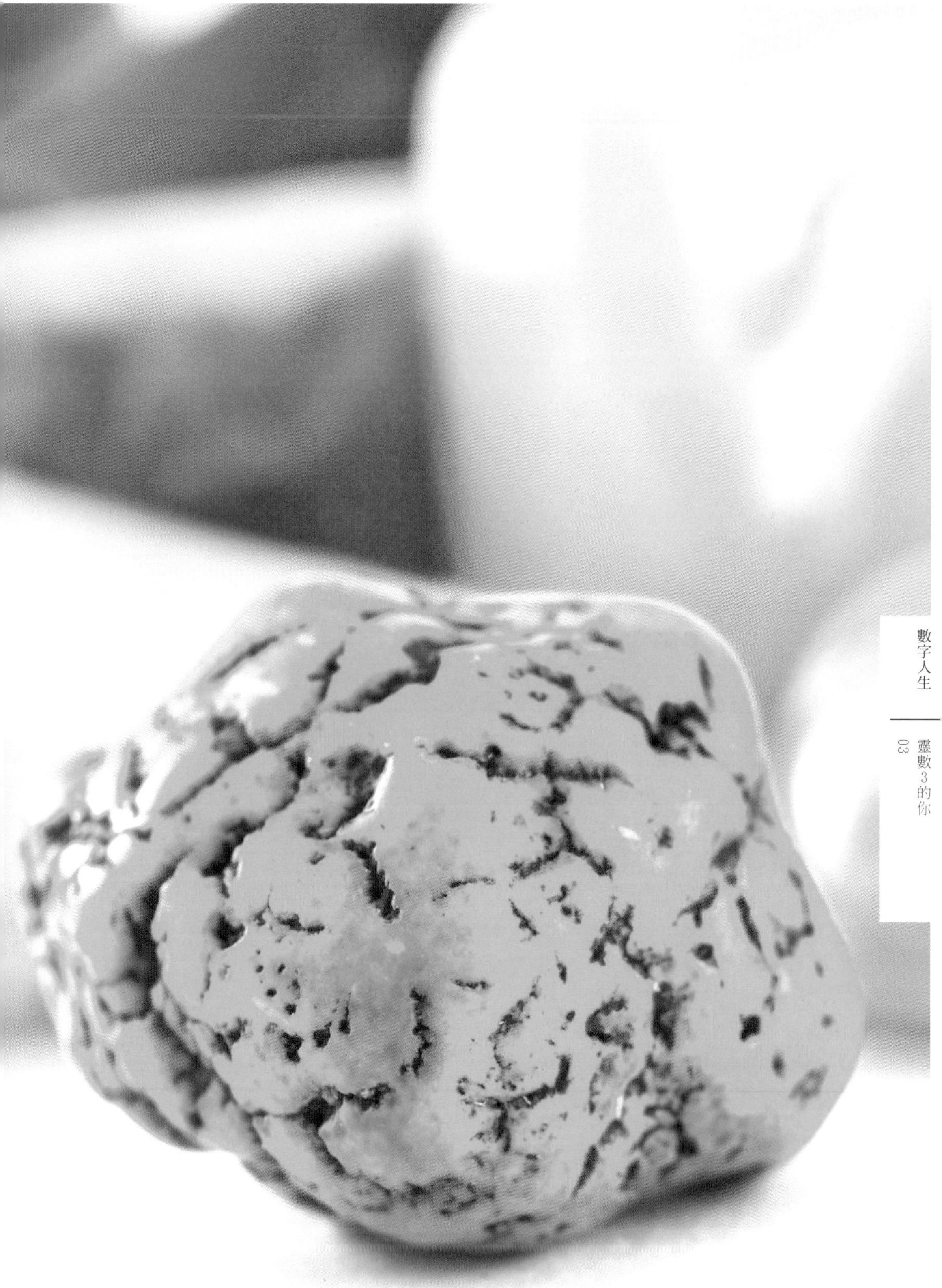

1_藍色月光石(藍色月光石墜)
有預知未來的能力,稱之為 "預言及透視之石" 。可帶來美好如月光般的純潔愛情,也稱為 "情人之石" ,可用以保護出門在外的旅者,因此又稱之為 "旅人之石" 。另外月光石可讓男女發掘出自己本身的陰陽兩面,進而取得平衡。

2_拓帕石(帝王拓帕石套組)
幫助增強表達能力、個人信心及說服力,使人處事冷靜、細心;可調節淋巴腺機能、改善呼吸道及氣管的疾病。

月光石

擁有月亮般能量的神聖寶石。

靈數3的你，天生活潑外向，勇於追求夢想，在人生的旅途中，有許多精彩的故事情節。而月光石據說有預知未來的能力，稱之為〝預言及透視之石〞，它既有的能量可以幫助你擴大自身的心靈視野、提升第六感、豐富感受的力量。另外，月光石可招來美好如月光般的純潔愛情，也被稱為〝情人之石〞，它可讓男女發掘出自己本身的陰陽兩面，進而取得平衡。

《月光石的傳說》

月光石的名稱在17世紀之前是引用希臘語「selene」月的意思，稱之為「selenites」。據說在月光昏暗的夜裡能夠照亮黑暗引導旅人之路，並且保護出門在外之旅者，因此又稱之為〝旅人之石〞。在古錫蘭的傳說中，月光石是月神賜與人類的禮物，古印度人將月光石當成聖物，農人們會將它鑲在農具上以祈求豐收。

拓帕石

以小島命名，守護健康的寶石。

拓帕石又稱為「黃玉」，顏色有黃色、藍色、粉紅色、綠色……等。寶石級的拓帕石，通常為藍色及黃色。靈數3的你，充滿活力，對於人際關係善於溝通，且能夠接受別人的意見。拓帕石的能量，能夠推動活力、刺激自我治癒的能力，它有強大的治療效力，對於情緒所造成的壓力有舒緩的作用，由於拓帕石的藍光對應喉輪，也可增強表達能力、加強個人信心及說服力，使人處事冷靜、細心；另外，也可改善呼吸道與氣管的疾病。

《拓帕石的傳說》

拓帕石的英文名稱「Topaz」，是由希臘語「Topazios」演變而來，原意是指紅海中一個叫做托帕茲的小島；托帕茲的意思為「找尋」，因為此小島終年濃霧瀰漫，行船難以找尋故有其名。小島上盛產拓帕石，採集的方法相當特別，採集者會在夜晚的島上四處尋找有光芒的地方並做下記號，天亮之後到有做記號的地方就可以找到拓帕石。

海水藍寶

希望與光明，來自於海中精靈的守護。

海水藍寶擁有淡藍海水的美麗顏色，因為海是生命的起源，它就像是人海的化身，可以替身心帶來活力，也能將體內與內心的

雜質去除。靈數3的你，能言善道、適應力強，佩帶海水藍寶更能有助於加強說服力、表達能力及企劃能力，也可改善呼吸系統的症狀，具有強大的淨化、治療、靈通能量，是最具療效的水晶。

《海水藍寶的傳說》

海藍寶石的英文名稱為Aquamarine，源自於拉丁語的Sea Water「海水」，據說是屬於海底精靈的寶物，被打撈上岸而成為寶石。古羅馬的漁夫為了祈求航海的平安與豐收的漁獲，經常把海藍寶石戴在身上當成護身符，被人們奉為「勇敢之石」。另外，因為海洋是一切生命的根源，它也象徵了無限的生命力。

藍玉髓

增強溝通協調及自我表達的能力。

玉髓屬於多色寶石，它有綠色、藍色、紅色還有橘紅色。藍色同時也對應著喉輪，對於靈數3的人而言，原本就善於溝通的技巧，佩帶藍玉髓能夠更增強其能量；它的寶石能量對於喉嚨附近的器官也頗有幫助，因此可提高這方面的免疫能力，如氣管、肺部與甲狀腺體等。另外藍色也是神聖的顏色，可以防止負面能量的侵入。

《藍玉髓的傳說》

五彩繽紛的玉髓自古就受到人們的寵愛，除了前面提到可以化煞避邪之外，它能帶給佩帶者愉快和信心。希臘曾經有一個傳說，一個被判死刑的賊，因為在口中含著玉髓因而免於災禍，還有能讓囚犯隱身的作用。姑且不論傳說是否迷信，可以知道的是，古人的確將玉髓視為具有神奇法力寶石。

天河石

女媧補天的美麗寶石。

天河石是一種帶著天空藍或藍綠色的寶石，自古以來，被稱為〝希望之石〞，它的能量可以增強信心與財運。靈數3的你在人際關係與社交方面有絕對的能力，但也因為如此，與人之間的相處難免也會有摩擦與疑惑；天河石的磁場能量能幫助你分辨出真實與虛假，具有帶來貴人與投機的能量，可說是一顆幸運寶石。

《天河石的傳說》

天河石也被稱為亞馬遜石，但事實上它的產地並不在亞馬遜。它的歷史十分悠久，中國西周早期的墓中就有它的存在；女媧補天是中國古代的傳說，在傳說中女媧以山頂的寶石熔成漿來補天空上的破洞，最後還剩下一些，被風吹散而掉落在人間，成為了美麗天空色的天河石。

1_天河石（天河石墜）
自古以來，天河石被稱為〝希望之石〞。它可以消除各式各樣原因所引起的身心不調與不適，使肉體與精神達到平衡，促進身體健康。

2_海水藍寶（海水藍寶白菜墜）
可改善呼吸系統的症狀，有助於加強說服力、表達能力及企劃能力，另外它與月光石相同，也可保護旅行者的平安。含地、火、風、水四大元素，有強大的淨化、治療、靈通能量，是最具療效的水晶。

3_藍玉髓（藍玉髓戒）
藍色對應喉輪，可有效增強溝通協調及自我表達的能力。藍玉髓對喉嚨附近的器官頗有幫助，因此可提高這方面的免疫能力，如氣管、肺部與甲狀腺體等。

海水藍寶

（針對隱性數3佩帶，以補強所需之能量）

```
1980/5/14
1+9+8+0+5+1+4=28
2+8=10      1+0=1
```

先天數　1980/5/14
後天數　28/10
主命數　1
顯性數　1數4個，8數2個
隱性數　3、6、7可佩帶
　　　　3→藍色
　　　　6→紅色
　　　　7→紫色

凱祥，主命數1，做事很有衝勁，因此而受到老闆的器重，職位從個人性質較強的工作漸漸提升為小主管。剛升主管初期凱祥對工作內容不太能適應，因為工作中要協調與溝通的人事物變多了，但由於他本身的個性就屬於較主觀、直性子的人，想到什麼就說什麼，並不太懂得說話的藝術。更糟糕的是他過度認真於工作，稍不如意就容易發怒，使得他與同事間的相處頓時出現了問題。（這也是隱性數3的人要學習的功課，表達能力、幽默、輕鬆。）

凱祥在佩帶海水藍寶的戒指之後，說話時會先經過思考，不再隨意地脫口說話，也會試著以婉轉的語氣來指導員工，在溝通良好的情況下，工作都能夠順利進行，與同事相處也漸入佳境，同事不只是同事，也能成為朋友。於主管會議中與各部門間的協調，凱祥也不再堅持己見，總是以最佳意見做為會議結果，在良性的溝通下，凱祥的部門與各部門間配合度明顯的提昇，所有的工作計畫皆能順利推展，再加上原有的專業，沒多久的時間他再度被拔升，成為公司不可或缺的左右手。

海水藍寶的能量有助於口語表達能力及企劃能力，提升理性、讓人能夠冷靜行事，同時又具有變通性、圓融性，就如同大海一般，廣納各方河流，能讓原本急驚風的個性慢下來，更能和平的待人處事，也可以使容易激動的情緒趨於冷靜。

藍玉髓

（因工作關係，加強表達與避免負面能量侵擾而佩帶）

1993/11/14
1+9+9+3+1+1+1+4=29
2+9＝11　　1+1=2

先天數　1993/11/14
後天數　29/11
主命數　2
顯性數　1數6個、2數2個、9數3個
隱性數　5、6、7、8

　　廣和是作家兼講師，但他有個不為人知的秘密，就是天生具有敏感體質，能感受到另一個空間的能量體，因為工作關係，廣和常常需要到外地巡迴演講，到各地住宿時，難免會碰到不怎麼友善的能量體。由於有陣子身體不太好，能量較低，某次出差外宿時半夜就被鬼壓床。

　　在朋友的建議下，廣和試著佩帶藍玉髓項鍊，在寶石能量的助益之下，情緒較能心平氣和，夜晚睡覺也都能安穩入眠，明顯地改善睡眠品質；因為長期演講，喉嚨過度使用而產生的聲音沙啞問題似乎也獲得了改善。最讓廣和感到不可思議的是他變得文思泉湧，寫起書來行雲流水，往往有欲罷不能的感覺，一本又一本的暢銷書讓他及出版商都有很好的收獲。

　　藍色的能量其實是很好的保護罩，具有化煞避邪功能，對常常旅行在外的人來說是很好的護身符，可以保平安並避免一些負面能量的侵害；常做惡夢的人，對於睡眠也很有幫助。藍色的玉髓對應喉輪，對於廣和的寫作與演講也很有幫助，可增加自我表達及溝通協調的能力。藍玉髓對於喉嚨附近的器官，如氣管、肺部、甲狀腺體等有益，它能降低呼吸道毛病，如咽喉或氣管發炎等問題。而當寫作或設計的靈感受阻時，也有助淨化腦筋及恢復思緒的功效。

天河石

（針對隱性數3佩帶，以補強所需之能量）

1986/7/29
1+9+8+6+7+2+9＝42　　4+2＝6

先天數　1986/7/29
後天數　42
主命數　6
顯性數　2、6、9數各2個
隱性數　3、5　可佩帶
　　　　　3→藍色
　　　　　5→綠色

　　主命數6的曉玲，是個細心又體貼的女孩，她就像溫和的月光，安靜溫柔的照在每個人身上，雖然不是光芒四射，但她的優點是會讓人默默感受及發現的。辦公室的大姐非常喜歡她，認為曉玲是個好女孩，很想幫她介紹對象，但是曉玲卻很遲疑猶豫，並且一再推託，大姐幾番追問，曉玲才說出過往的情傷讓她害怕再度接觸情感。

　　大姐心想寶石具有不可思議的能量，於是送了一串以天河石為主石的手鍊給曉玲，

希望她能忘卻過去的傷痛，能夠重拾信心。

　　一段時間後曉玲變得較為開朗，跟同事間的互動也不再是被動且怯懦，都能夠清楚地把自己的感受真實的表達出來，讓大家更能體會到她的真心，曉玲十分善良，凡事都能設身處地為他人著想，她散發出天使般光芒，在辦公室中猶如花朵般的芳香，處處都能聞到這股若有似無的香味，男同事們都摩拳擦掌，就等曉玲做好心理準備，敞開胸懷，接納另外一個人走入她的生活。

　　天河石為藍色帶乳白，或像藍綠色的寶石，象徵著孕育新生，如同新生的力量，代表著重新開始。它的寶石能量能帶給人信心，在情場、考場、商場、戰場失意的人，可以懷抱此寶石來靜心冥想，有助於重燃信心，帶來新希望，有勇氣再做嘗試。

這是一間設計公司，忙碌的辦公室裡每個人各司其職，聯繫客戶、畫設計圖、建材訂購、商議內容，每個人都認真地工作著。老闆的新任祕書自不例外，她辦公桌上的每件物品都井然有序的排列著，她的工作能力如同她的桌子般，條理分明且鉅細靡遺，才進入公司兩個就深得老闆的信任。

「Amy，我明天下午有約嗎？」

「有！明天下午兩點，桃園的陳先生要來談他新房子的裝潢，四點要拜訪林董事長。」Amy 看著攤開在左前方的筆記本說，她總是把最會用到的東西放在最醒目的地方，以便隨時都能回答老闆的問題。

「嗯！好，前天要妳幫我整理的資料整理好了嗎？」

「整理好了，已經歸在電腦的資料夾裡。」

「OK，我現在看資料，妳忙妳的事。」

「是，我先整理下個星期的行程。」

自從 Amy 來到公司後，老闆交待的事情她必定依照既定的程序詳實的記錄與歸檔，並且從不漏失，只要事情稍有變動，她也會立刻同步更新電腦裡的檔案，老闆可以很快的從電腦的檔案中了解每個案件的進度；但

唯一美中不足的地方是，她像個按部就班、不會出錯的機器，做起事也都是一板一眼，不懂得變通。

Amy 的個性一向腳踏實地、要求完美，在求學時期她把重心放在課業上，對於同學間的邀約聯誼或是課外活動等完全沒有興趣，她認為用功讀書是份內的事，只要做好份內的事一切都沒問題，另外她也強烈的缺乏安全感，對於剛認識的朋友都不會主動地相互溝通，長久下來她的朋友寥寥可數，這對於她的自信心也是個很大的致命傷。

進入社會之後，Amy 和同事間的相處也都是處於「保持距離」的情況下，不像其他的同事，彼此間總是可以互相嘻鬧，讓辦公室有了許多的活力；下了班後相約吃飯、逛街，甚至到 PUB 狂野一下，缺乏自信的她，往往都只是做好自己的份內工作，準確地做好自己該做的事，遇有空閒一定檢視工作上是否有不足或缺失的地方，她是一個「十分穩定」並且安分守己的上班族。

下班之後 Amy 也很少外出，即使外出也是獨行俠，一個人逛書店、一個人逛百貨公司，她從未想過和同事、朋友「一起」交流。

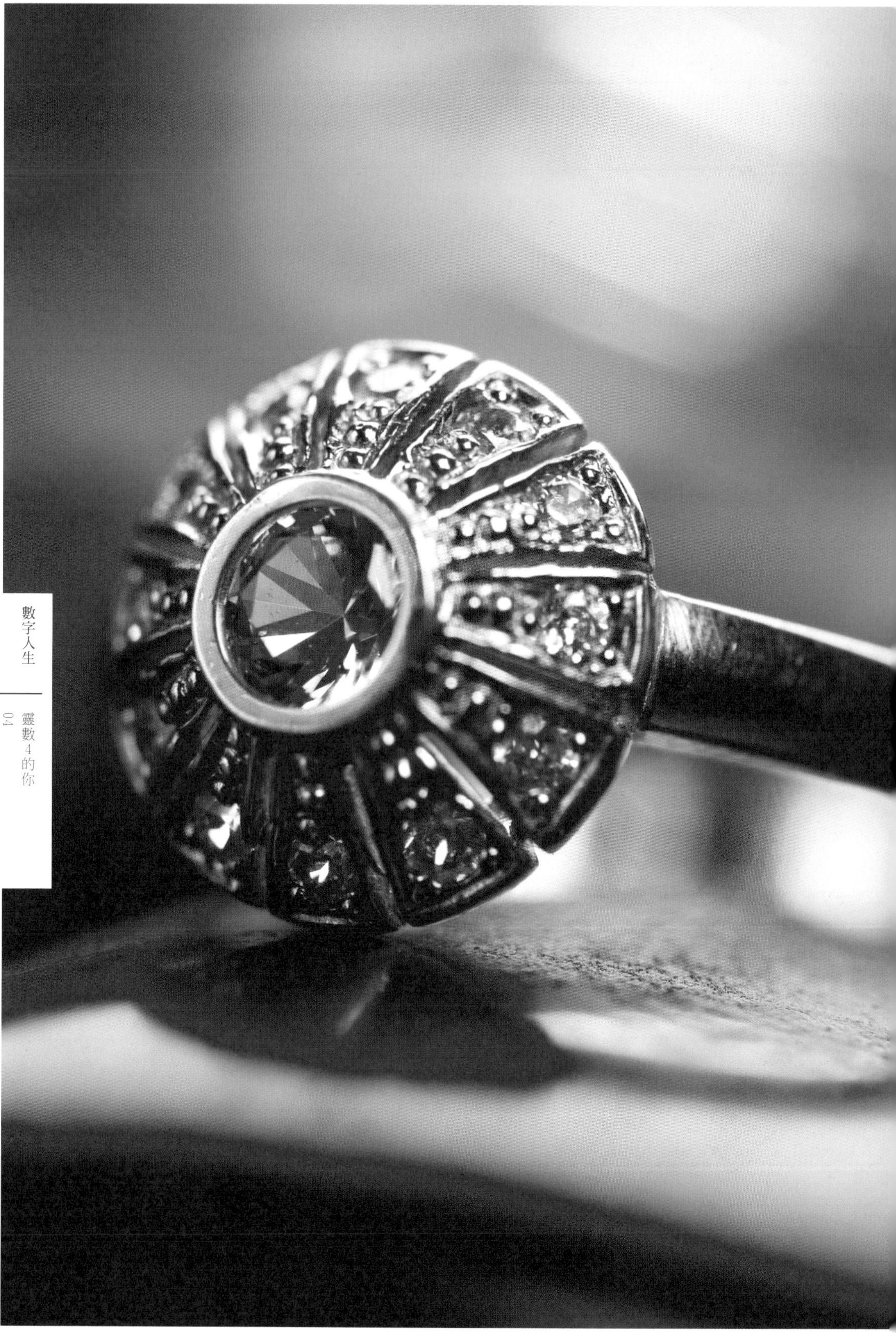

Point | 工作與家庭的象徵

個性剖析

　　4這個數字，本身就象徵著保守穩固、講求秩序。因此生命靈數4的你，相對的也是腳踏實地、做事小心謹慎，對於結構性的組織邏輯概念特別的擅長；自身強烈的責任感，以及做事條理分明的態度，能夠讓人很放心的將工作事務交給你，加上自我的自律性很高，總能很有效率完成該辦的事項。

　　但是缺點是有時會過於固執反而變成獨斷獨行，加上比較缺乏安全感與自信，容易被自己設限而失去了冒險前進的精神。

象徵圖騰

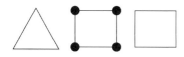

代表意義

　　安全感、穩定、工作與家庭

人格表現

　　初階表現：
　　固執、不變通、情緒化、心胸狹隘、容易緊張、不易相處、喜好指使別人、搶奪能量者、抓到就是我的、太會算計。

　　中階表現：
　　有責任感、自律性高、屬經理階級人士（擁有專業技能、安身立命敢承諾）、數字能力強。

　　高階表現：
　　思考穩重、秩序有條理、務實且高效率；藉由不斷與人合作擴大事業版圖與收入，組織力與統籌力的展現。

　　終階表現：
　　建立內心世界的安全感，將願景、逐夢踏實地呈現著。

　　天賦才能：
　　成就與成功來自明確的目標、長期的專注、腳踏實地、逐步完成，面對困難若堅持到底就能實現自己的願與夢。

幸運顏色

　　黃色

對應寶石

　　黃水晶、鈦晶、琥珀蜜蠟

Point | 對應寶石介紹

黃水晶

內藏太陽光芒的寶石。

黃色的色光本身就具有招財的能量，而黃色又對應著太陽輪，能夠加強邏輯性與分析能力。靈數4的人佩帶黃水晶再適合不過，一方面加強自己本身的強項，另一方面，黃水晶還具有增強自信、提高意志力的能量，它還能去除深沈的悲傷、舒緩緊張，給予佩帶者全新的力量，對生活重新充滿希望，對於靈數4的人而言，可以讓穩定一成不變的職場生活注入一些活力。

《黃水晶的傳說》

黃色或金黃色的黃水晶，象徵著太陽光般耀眼的光芒，自古以來人們相信佩帶黃水晶能夠驅走心中的黑暗，消除煩惱與憂愁，讓佩帶者擁有自信和希望，同時也守護身心的正面能量。另外，黃水晶也象徵著財富的力量，它能夠帶來商業生機，令佩帶者能生意興隆，順利累積財富。

鈦晶

能量最強的水晶。

鈦晶是「髮晶」的一種，它不同於一般水晶的地方，是在水晶體中含有髮線狀的結晶。它是所有水晶中被認為能量最強大的，具有提升膽識、勇氣與自信心的能量，對於靈數4的你來說，可加強本身所缺少的能量；鈦晶還可以改善猶豫不決、無法下決定的情緒，提高集中力與持久力，並且給予前進的行動力。另外它也具有招財與趨吉避凶的磁場能量，當成護身石或幸運石都十分適合。

《鈦晶的傳說》

鈦晶裡的金色髮線狀結晶稱做「金紅石」，源自於拉丁文的「rutilus」，意思是「金黃色光輝」。金色讓人聯想到財富，所以人們相信，此寶石會帶來財運，無論是正財或是偏財。另外，針狀的外型也象徵著丘比特的愛情箭，據說佩帶它也可增加吸引異性的魅力。

琥珀蜜蠟

具有香味的治癒寶石。

琥珀是由針葉樹的樹脂硬化後，經過長時間的地層壓迫所形成的化石，在還沒完全硬化前會將昆蟲或植物等外來物所包覆，包覆物質反而增加其寶石價值。蜜蠟則是琥珀的其中一種，它具有消除緊張、提升財運等能量，也是唯一有藥用功效的寶石，可以增強佩帶者的抵抗力，具有鎮定、醒腦、安神的功效，其紋路與色澤也會因為佩帶者的氣血而改變，同時也象徵著健康與長壽。

《琥珀的傳說》

琥珀的歷史相當的久遠，在中國、希臘、埃及等許多古墓中都有其出土的記錄。古羅馬的婦女會將琥珀握在手心，因為琥珀在受熱之下能發出一種淡淡的優雅芳香，十分受到古羅馬人的推崇。另外，在古代的波斯，據說只要佩帶從天而降的琥珀，就能獲得長生不老的力量。

1_黃水晶（黃水晶手珠）
主要功能在於聚財、主偏財運，常可帶給人意外之財，屬於財富水晶。另外它可增強個人自信，有助平緩心境情緒，教人按部就班的實際做法。對於身體健康方面，它強化肝腸胃及消化器官，特別治胃寒。

2_鈦晶（鈦晶花戒）
屬於髮晶族群中能量最為強大的一種水晶，象徵富貴、大吉大利。一般鈦晶皆具有六大主能量，主財、偏財、避邪、防小人、人緣、健康。

3_琥珀蜜蠟（琥珀蜜蠟墜）
由於琥珀蜜蠟形成的過程與原因，人們認為琥珀與蜜蠟具有來自大地之母的女性力及溫和力，因此也有可調和男女的功用，使人們在思考時有更敏銳的感觸及感受。西方古時候把它拿來當作驅邪除魔的道具；握住時會有溫熱觸感，象徵某種能量的釋放。

Point │ 佩帶寶石案例說明

黃水晶

（針對隱性數4佩帶，以補強所需之能量）

```
1983 / 10 / 23
1+9+8+3+1+0+2+3 = 27      2+7 = 9
```

先天數 1983 / 10 / 23
後天數 27
主命數 9
顯性數 1、2、3、9數各2個
隱性數 4、5、6可佩帶
　　　　4→黃色
　　　　5→綠色
　　　　6→紅色

應薇年輕的時候從事過許多不同的行業，家人都認為她的工作很不穩定，然而她總是說這是在累積人生的歷練，雖然內心偶爾也會感到不安，但在幾番嘗試之後，她終於找到自己喜愛的工作－美容生技業，並對這事業寄予厚望。可惜的是，她所任職的公司是屬於家族型企業，身為外人的她常感到自己的職位不安穩，為了保住喜愛的工作，應薇總是小心謹慎、兢兢業業的做好自己的工作，也很擔心自己哪天不小心做錯了事，

在這裡的辛勤耕耘就會一夕之間全部化為烏有。

隱性數4的人在工作職場上確實容易會遇上派系鬥爭、位置不保的情況，也容易感覺職位沒辦法坐得安穩。黃水晶可以補充4數的能量，帶來安定感與安全感，在職場上具有篤定、成功、勝利的能量，甚至是受人矚目以及招財的能量。

應薇在佩帶了黃水晶飾品後，發揮了4數組織架構的能力，個人業績蒸蒸日上，更與上下游廠商進行策略聯盟，為公司賺進大把大把的鈔票，老闆也越來越看重她，深怕她被同業挖角而善待她，還好她很堅定自己的信念，經過一番時日的努力，她成為老闆不可或缺的左右手而穩住在公司的職位。

鈦晶

（針對隱性數4佩帶，以補強所需之能量）

    1966/8/23
    1+9+6+6+0+8+2+3=35   3+5=8

    先天數 1966/8/23
    後天數 35
    主命數 8
    顯性數 3、6、8數各2個
    隱性數 4、7可佩帶
            4→黃色
            7→紫色

興昌剛接手家族企業，但也因為家族企業以傳承為主，許多的決策都受制於上一輩。長年以來，他一直在企業中學習，並且盡心盡力的為公司付出，他一直夢想能將公司改革，成功的邁向另一個階段；然而這卻不是件容易的事。

好不容易等到上一輩將事業交付給他，卻因為老員工穩定慣了，懶於更新，以致於對多項的改革抱持著懷疑且不合作的態度，不約而同的向前任董事長申訴，長輩聽多了

員工的抱怨後皆傾向以守成為主，讓原本準備大刀闊斧進行改革的興昌感到十分無奈。

在朋友的建議下，興昌佩帶了鈦晶戒，然後以懷柔但堅定的態度做為改革策略，且積極安撫老員工的情緒，並舉辦員工說明會，呈現公司未來的企圖心與遠景，他鄭重申明，員工如同家人一樣，不僅替公司賺錢，也能享有利潤和分紅，興昌更把分紅制度列成表格發給員工。在興昌剛柔並濟的鼓舞下，員工們開始接受新老闆的指示，一起為公司努力，群策群力之下業績果真蒸蒸日上，而興昌也實踐員工分紅的諾言，在利潤共享之下，大家就更專注於自己的工作上，良性的互動自有傲人的成績，興昌接管公司後的第三季，帳面的盈餘讓大家為之讚歎。

鈦晶，具有極強的能量，是水晶裡力道最強的一種，對於想從事革新、實現大目標、或衝刺事業的人再適合不過，像王者般的力量幫助佩帶者能夠展現強勢的領導，並果斷的做出決策，在商場如戰場上替自己提升競爭力。

數字人生

靈數 4 的你

04

琥珀蜜蠟

（針對隱性數4佩帶，以補強所需之能量）

1987/5/20
1+9+8+7+5+2+0=32　　3+2=5

先天數　1987/5/20
後天數　32
主命數　5
顯性數　2、5數各2個
隱性數　4、6可佩帶
　　　　4→黃色
　　　　6→紅色

耀明是個喜愛四處遊走的人，交遊廣闊的他參加登山社、玩衝浪、攀岩，不時上山下海，是個名符其實5數人，愛好冒險、很難安靜的定下心來，他想出國留學，留學之前必須先經過托福考試才能申請學校，然而心浮氣躁的個性，加上毫無充分準備，托福考試成績不盡理想。

朋友得知耀明的情況，於是送他琥珀蜜蠟，在佩帶一段時間以後，說也奇怪，耀明漸漸的對自己像無頭蒼蠅般虛度光陰的行為感到疲乏，慢慢的，他拒絕了無意義的邀約，認真的靜下心來準備考試，最後終於有了好成績，如願以償的申請到心目中的理想學校。

琥珀蜜蠟除了能讓人沉穩下來以外，很多人都不知道，其實黃色是最適合學習中的人，這顏色對應著身體的腸胃區，就像吃進身體的食物，慢慢的被消化吸收，知識上的學習也是同樣的道理，就像琥珀蜜蠟形成一般，從樹上滴下來的樹脂在地底下慢慢的成型，再經過時間的累積而成為美麗的化石，能幫助佩帶者將所學習的知識內化成為自己的智慧。

2-5 │ 生命靈數【5】的你

　　同事俊榮一時興起買了個高規格且價值不菲的數位單眼相機，在某個天氣晴朗的假日午後，他在公園試拍了幾張，輸入電腦後他興奮的發現，鏡頭裡的世界竟是一種全新的視覺體驗，也因此俊榮燃起了他對攝影的興趣，甚至還加入了單眼相機討論區的會員，從會員的討論中俊榮學習更多，技巧也愈來愈好。自此之後只要一有閒暇時間，俊榮就充滿著熱情，上山下海的背著相機到處探險，彷彿回到了年輕時期。

　　前幾天他帶了作品和我們分享，每張照片都有獨特的景緻，朦朧但壯觀的雲海、純樸自然的鄉村風光、都市巷弄的閑靜一隅，甚至是攀附枝葉的毛毛蟲、路邊不起眼的小花，都被捕捉在他的鏡頭裡，攤開他的相簿，猶如走了一趟自然生態與歷史懷舊之旅，讓人不禁有種「閒來無事不從容、萬物靜觀皆自得」的感受。

　　「俊榮，這張照片是在哪拍的？我怎麼不知道台灣有這麼漂亮的地方。」同事邊看著照片邊發出讚嘆。

　　「這張是在花蓮，蘇花公路的入口處，這張是在南投鄉間，這張是在我老家彰

化。」俊榮開心的一一為我們解說。

　　「哇！你去了這麼多地方啊！真是難得，到了假日，連睡覺時間都不夠了，哪還能像你一樣『千山我獨行、不必相送』。」同事流露出既不可思議又羨慕的語氣。

　　「我愈照愈有心得，現在打算一步一腳印，完成環島攝影的目標，而這趟旅程和記錄就稱為『台灣之美』。」俊榮活力十足、信心滿滿的說。

　　一直以來俊榮的生活裡就是充滿著冒險的熱情，對新事物總有著無比的好奇心並且勇於嘗試，不會因為不懂或不熟悉而卻步。他在求學時期就加入各式各樣的社團，吉他社、熱舞社、園藝社、登山社等等，他還是籃球校隊的一員，可算是多才多藝的人。畢業之後，俊榮曾經自己一人在夜市擺地攤、也曾和朋友合夥開小餐車，凡是能夠嘗試並且可以填飽肚子的工作俊榮都勇於嘗試，他的個性也充滿了正義感，朋友有困難時他總是義不容辭的出手相助，交友廣闊的他，也因此結識了許多肝膽相照的好哥們，在我們的眼中，他儼然是一位不折不扣的冒險王，也是個樂於助人的好同事。

Point | 承擔的象徵

個性剖析

靈數5的人，天生充滿好奇心，好學又善於邏輯思考，擁有勇於嘗試的冒險精神，興趣廣泛、多才多藝，個性聰明友善、熱情大方，又具有極度的正義感，因此很容易與人結交朋友。

但缺點是容易博而不精，對事物的熱情持續力差，在感情上較容易用情不專，給人吊兒郎噹的感覺。有些靈數5的人甚至害怕承諾、缺少責任感，寧願選擇獨來獨往的生活。

象徵圖騰

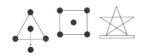

代表意義

公關能力、勇於改變、福德

人格表現

初階表現：
愛玩樂、沒有分寸、浮動的、很被動、盲目的要求、花言巧語、光說不練、愛面子。

中階表現：
表現自己、有信心、追求自由、勇於挑戰權威、正義感、敢承諾、為自己負責。

高階表現：
創造自由、執行承諾、挑戰極限、透過冒險展現自己內在的能力、更善於經營有助益的人脈。

終階表現：
心性自由、心轉萬法（像五芒星）。

天賦才能：
因為接受力高，善於應付三教九流的人，不但能溝通順暢，並對市場的嗅覺與變動非常敏銳，是一位廣結善緣的頂尖銷售員。

幸運顏色

黑色(男性)、白色(年長者及小孩)、藍綠色(女性)、綠色(男性與女性)

對應寶石

黑色(男性)－黑曜石、黑碧璽
白色(年長者及小孩)－白玉、白水晶、白色硨磲
藍綠色(女性)－綠松石
綠色(男性與女性)－捷克隕石、綠幽靈、孔雀石、綠瑩石、祖母綠、翡翠玉石

黑曜石

避邪擋煞的黑色玻璃。

黑曜石是由火山熔岩迅速冷卻而成的天然玻璃，它具有強大且精純的保護力，可大量吸附負面能量、排除體內不好的濁氣、改善身體的健康，也可以治療精神上的創傷。靈數5的人，天生比較喜歡往外跑，勇於嘗試冒險，佩帶著黑曜石可以有趨吉避凶的能量，具有守護的作用。一方面它對應著人體的海底輪，所以對於調整身心平衡、穩定體內能量都相當的有助益。

《黑曜石的傳說》

人類使用黑曜石的年代可以追溯至石器時代，考古學家發現最早的人造鏡子是由拋光的黑曜石所做成的，當時的用途與太陽神有關，在秘魯印地安人所製作的鏡子上，常繪有凶猛的美洲虎，用於祭祀太陽神。因為黑曜石的質地接近玻璃，所以除了製作成鏡子以外，古埃及人與墨西哥的阿茲特克民族也將黑曜石製作成極為鋒利的刀刃，用於製作木乃伊或活人祭祀。

黑碧璽

帶電的黑色神奇寶石。

碧璽有各式各樣不同的色彩，依據色彩不同，所散發出的能量也不同。西元1768年，瑞典的科學家發現了碧璽的壓電性與熱電性，因為帶電的特性又被稱為電氣石。黑色的碧璽具有排除壓力、降低疲勞、減少病濁氣的侵入等辟邪能量。很適合喜歡遊山玩水、靈數5的人所佩帶。

《黑碧璽的傳說》

黑色碧璽除了當成配件裝飾以外，在以前中國的道家會使用黑碧璽來作法驅邪；在日本也曾流行將黑碧璽原礦洗淨後放入電鍋與白米一同蒸煮，據說會令白飯更香甜好吃，並且注入好的能量，讓吃飯的人更健康，又被日本人稱為希望健康寶石。

白玉

帶來健康的古老寶石。

中國人對玉的喜愛程度超乎想像，它的色彩多樣，常被拿來裝飾佩帶，它的色澤溫潤、質地堅韌，敲擊時聲音悅耳動聽，自古至今都十分受到人們的推崇。它的能量具有強大的守護力，不但可以阻擋厄運，還可以提升潛在意識，增加內在的智慧。另外，近代的科學發現，玉含有許多對人體有益的天然元素，長期佩帶會被人體所吸收，進而祛病消災，具有淨化血液、排除毒素的功效。

《白玉的傳說》

中國對「玉」的最早文字記載見於河南殷墟的甲骨文中，由此可見其歷史之悠久。中國古代的文人雅士，常以玉來比喻君子高尚的品德，眾多的古書記載不勝枚舉；傳說中玉是聯繫靈魂與肉體的媒介，也被認為是靈界與現世的橋樑，人在往生之後，下葬前在口中含一塊玉，屍骨將保持原貌不腐壞，並在百年之後可重回人世。

黑曜石（黑曜石手排）
能量剛烈強勁，有鎮宅、避邪的功用，可消除晦氣、濁氣、病氣及
霉氣，帶給人快樂、健康的人生，有「黑金剛武士」之美譽。

1_白玉（白玉手鐲）
自古以來，玉石一直被視為強力的守護石，也有被用來作為擋煞、阻擋厄運的情形。此外，玉也被視為守護人生成功與繁榮的寶石，以前中國商人在經商討論時，會把玉握在手掌心，想要祈求事業成功時，把玉放在桌上或是佩帶在身邊，因為它能增強潛在能力、引出智慧，引導你向目標前進。

2_白水晶（白水晶印章一對）
有集中、聚焦、擴大記憶的功能，是所有能量的綜合體，稱為晶王。可鎮宅、擋煞、避邪、消除晦氣、淨化身心、趨吉開運等作用。

3_白色硨磲（硨磲琉璃）
古人認為「硨磲」具有很強的磁場，可消災解厄、避邪鎮煞、保平安，特別針對：1.體質較弱2.運勢較差3.血液循環不佳4.工作壓力過大5.患有憂鬱症6.精神官能症 7.頭痛、失眠，對於大病初癒的人來說，適合隨時隨地佩帶硨磲。密教中許多修行之人，將它視為供佛靈修，祥瑞吉祥之物，他們相信，持硨磲修煉護法者，能消除業障、增加智慧與修行德性。

白水晶

　　潔白如冰的水晶寶石。

　　水晶與石英在物理上的性質屬於同一類別，習慣上將不透明、岩石狀的稱為石英，透明的稱為水晶。遠在石器時代，人們就利用它來製作工具，並認為它蘊含了上天的力量才能夠如此淨白透亮。白水晶的磁場可以改善體內的負面能量，淨化全身、恢復元氣，具有貯存記憶的能量，增強記憶力與學習力。也可以鎮宅避邪、提升靈性，使心靈平靜和諧且意志堅定。

《白水晶的傳說》

　　古希臘人在阿爾卑斯山上看到天然水晶的透明晶體，以為是千年水化成的冰，再由上天神聖的力量將其化為水晶；而中國古代也認為水晶是「千年冰」或「菩薩玉」等，所以不論中外都將水晶賦與神化的力量。許多的古文明中都有水晶的記載，例如在馬雅文化中，考古學家曾挖掘到祭壇中的水晶頭骨蓋，此頭骨蓋是由高純度的透明水晶製成，其硬度經過分析認為是不可能用刀子打造而成，令人驚訝的是，當雷射光射進頭骨蓋的鼻孔時，霎那間整個頭骨蓋都綻放出耀眼的光芒。

白色硨磲

　　神聖的修法護身寶石。

　　硨磲在東方佛典中被列為佛教七寶之一，在古代它取得不易所以異常珍貴，古代中能擁有硨磲的人，不是位居高官要職，就是西藏密教高僧，一般民間很少看得到。據說由於長年吸取日月精華，因此具有很強的磁場能量，可消災解厄、避邪鎮煞、保平安，長期佩帶具有不可思議的神奇力量及感應。由於人體在佩帶過程中會吸收硨磲自然的寶氣，能穩定情緒、去除雜念、增加智慧、消除煩惱業障、調養身心平衡。因此許多修行之人，將之視為靈修吉祥之物，

《白色硨磲的傳說》

　　硨磲為古海洋生物隨地殼變動，升至高山後經年累月所形成之海螺化石。根據科學研究證實，喜瑪拉雅山脈的岩石層中，夾雜了不少海中生物的化石，「硨磲」就是在大約五千公尺的喜瑪拉雅高山上被發現的。

　　硨磲之名最早見於中國東漢的《尚書大傳》，其中記載了一則周文王被商紂王囚禁，而後用珍貴的硨磲敬獻給紂王換回文王的故事。西藏密宗高僧喇嘛，也將硨磲穿成唸珠加以誦唸，據說持硨磲修煉護法者，具有一倍以上功德，並智圓滿的境界，是供佛靈修佛學上之密寶。

綠松石

　　蔚藍天空般的「天之寶石」。

　　綠松石就是一般人所熟知的土耳其玉，雖然名為土耳其，但實際的產地是在伊朗，古代在運輸至歐洲時途經土耳其而得名。一直以來它都被視為能帶來幸運的護身石，當持有者遇到危難時，綠松石會變色代主受難。另外，它的能量也能消除精神上的疲憊、舒緩緊張的情緒，引導你走向正確的道路。對於身體上的功效，它能緩和眼睛疲勞、強化肝臟機能、對於肺部或呼吸系統的疾病，也有相當的助益。

《綠松石的傳說》

　　綠松石最早的歷史，可追溯至西元前七千年古埃及墓中的陪葬品；幾千年來它被視為具有驅魔的神祕能量，四大古文明國家出土的文物中，都有綠松石的存在，例如：墨西哥的阿茲特克、西南美的印地安文化，都有普遍的記載。在中國的西藏，將它視為神聖的「天之寶石」，並用綠松石製成宗教法器，深信此寶石具有護身的強大力量。

捷克隕石

　　由天而墜的流星寶石。

　　捷克隕石為來自於外太空殞落的石質，因穿越地球表層而撞擊地殼，在與大氣層的空氣接觸之後凝結成玻璃。捷克隕石的能量極強，有助於建立健康、樂觀的人生觀，容易得到貴人相助；也可以供給精力、去除疲勞，並且具有去除患者病氣、加強免疫力之功能。另外，由於捷克隕石對應心輪，可以讓人增強信心及喜悅。它還有喚醒各類寶石的力量，搭配其他的水晶，效果將會加倍。對於寶石的啟動與消磁，甚至是增強能量，都是捷克隕石獨一無二的磁場效應。

《捷克隕石的傳說》

　　捷克隕石於1787年在捷克摩達維河Moldavite發現，所以英文就Moldavite命名，中文為捷克隕石，又名「忘憂石」。它的形成約在一千五百萬年前，當時有一顆巨大的隕石撞擊到地球表面，產生高溫與高壓使隕石與周圍的石頭融合成如浪花般的玻璃狀物質；另外，也有學者認為捷克隕石的獨特紋理，是因為從外太空來到地球經過大氣層時，經過融化而形成獨特形狀與紋理。但無論說法為何，它強大磁場來自於外太空這點是無庸置疑的。

1_綠幽靈（綠幽靈墜）
別稱「鬼佬財神」，為生意人的最愛，具有招財和高度凝聚財富的力量，屬於正財，代表辛苦、勤勞、努力累積而來的財富，有助提高思維、開放心靈。

2_捷克隕石（捷克隕石墜）
能量超級強大，遠大過水晶的磁場。超級強大的磁場能可穿越人體的七脈輪，打通阻塞的輪脈並供給精力、去除疲勞、治療憂鬱症。

3_綠松石（綠松石原礦）
為美洲印第安人的「聖石」，被公認為「幸運石」。適合外出旅行者、巫師及戰士佩帶，可增強勇氣，有助心境平和，廣結人緣、善緣；有招財、聚財、旺財、避邪及保平安之功效。

4_孔雀石（孔雀石）
如果遭遇學習卜的困難或工作不順心，變得否定現實，甚至出現逃避問題的想法時，孔雀石可以鎮定情緒，帶給你面對現實的正面力量。

綠幽靈

吸引財富的美麗水晶。

綠幽靈可加強個人的事業及財運，以正財的水晶來說，綠色水晶為其代表，而綠幽靈水晶的聚財能量更是強大；所謂正財指的是以努力工作所獲得的正當報酬，包括好運氣、機會、甚至是貴人相助等，有別於黃色水晶的偏財。另外，綠幽靈的能量也相應著「心輪」，因此使人胸懷廣闊，更容易接受新事物，並積極地創造和開發新的途徑。對於事業有極大的助益。

孔雀石

孔雀羽毛寄生的寶石。

孔雀石為具有光澤的濃綠底色夾雜淡綠相間的條紋圖案，因為外表與孔雀羽毛相似因而得名。傳說孔雀石是財富之石，它的能量有保護生意、安定等作用，將它放置於做生意的收銀台或抽屜，能使生意興隆、財源滾滾。另外，它的能量也可以穩定情緒、治癒心靈，鎮定激動的情感，長期佩帶也有增加個人魅力與自信的效果。

《孔雀石的傳說》

孔雀石被使用的歷史相當悠久，在中國古代與古埃及都將它研磨成粉末，做為眼影來使用；除此之外，據說也具有解毒功效，對於治療眼疾特別有用。在古埃及的人們認為孔雀石有驅除邪靈的作用，常掛在兒童的身上或嬰兒的搖籃上做為護身石，將能免於受到邪惡靈魂的侵擾。

綠螢石

令人傳頌的夜明珠。

螢石的顏色豐富多變化，有紫色、透明、綠色、黃色、紅色等，其中最受歡迎為綠螢石與紫螢石。傳說中的夜明珠應是螢石的一種，它的構成物質有燐光與螢光兩種，螢光是在光線照射下所發出的可見光，而燐光則是去除外來光源後自身所散發的光芒；只有少數的螢石能夠發出燐光，這類螢石才算是夜明珠，也由此可見其珍貴性。

綠螢石的能量對人體的氣場有很好的幫助，它能夠提升健康、恢復疲勞、減低緊張與壓力、促進思考能力、與做事的集中力。

《綠螢石的傳說》

螢石的歷史也相當久遠，在中國的文獻上也有許多記載，例如唐詩《涼州詞》中

「葡萄美酒夜光杯」，此處的夜光杯即是指由紫瑩石所製成的酒杯。而古羅馬的人們也相信，以紫瑩石作成的酒杯喝酒，即使喝再多也不會醉，雖然此論點沒有依據，但也可得知當時的羅馬已廣泛的使用由瑩石所製成的杯子。

祖母綠

象徵身分地位的耀綠寶石。

祖母綠在歷史的記載中受到許多皇家貴族的喜愛，它價值連城的地位讓擁有祖母綠成為一種高貴身分的表徵。從埃及豔后、慈禧太后、沙俄皇帝凱瑟琳大帝、英國國王等，對於祖母綠都愛不釋手。它的寶石能量是再生與年輕的象徵，具有很高的治癒能力，能提高體內靈性，使情緒安定、冷靜處事，也因為能鎮定不安的心，引導佩帶者發揮最大的能量，所以有人認為擁有祖母綠就能夠擁有繁榮與富貴。

《祖母綠的傳說》

傳說中祖母綠就是維納斯女神手中所捧的寶石，象徵著永恆與真理。據古書記載，在西元前四千年左右，巴比倫帝國就已經進行祖母綠的開採；而埃及豔后克利歐佩托拉對於祖母綠更是情有獨鍾，除了佩帶在身上之外，甚至還將一座開採祖母綠的礦山以自己的名字命名。

翡翠玉石

紅綠相襯的貴族寶石。

翡翠是玉的一種，玉又分為軟玉、硬玉，而翡翠即是指硬玉。一般人的印象中，翡翠是中國的代表性寶石之一，例如故宮所珍藏的「翠玉白菜」；但事實上，古印地安人對於翡翠的推崇，與其所象徵的高貴價值，完全不亞於我們東方國家，他們所使用翡翠的時代甚至早於中國。古印地安人除了用來裝飾佩帶以外，也用翡翠製品來進行祭祀與巫術儀式。翡翠的能量象徵著健康與繁榮，能夠提升心靈與精神上的力量，促進人際關係的圓融，進一步帶來事業的成功。

《翡翠玉石的傳說》

在中國古代漢朝時，翡、翠二字的意思是指生長在廣西的鳥類，翡是紅色鳥的羽毛，翠是綠色鳥的羽毛；到宋朝時，翡翠二字連用，指的是一種綠色的玉；一直到了清朝才開始被人們所喜愛與推崇。清朝的歷代皇帝都對翡翠十分的喜愛，尤其是慈禧太后，對翡翠更是鍾情，因為擁有它就象徵著擁有至高的權力。據說佩帶翡翠可以擁有優良的品德，帶來平安吉祥，並且避免一切的災禍。

1_瑩石（瑩石墜）
突然遭遇前所未有的苦難或別離、突然陷入不知如何是好的黑暗人生，請把綠瑩石帶在身邊幫助你面
對困難。

2_祖母綠（祖母綠紅寶套組）
能抑制興奮的神經、安定情緒，幫助你在不管任何時候處事都能沉著以對。當你有重要會議或面試等
情況而感到緊張時，把祖母綠作為戒指或飾品戴在身上，就會有安定人心的效果。

3_翡翠玉石(頂級三彩翡翠、翡翠蛋面墜)
翡翠的價值，主要取決於它的稀有性、細密的礦物結構、韌性強、耐久性、化學和物理性質穩定、溫
潤有神的光澤及色澤鮮豔的翠綠色十分具有靈性，讓人愛不釋手，其精、氣、神是任何玉石無法相
比，因此稱為「玉中之王」。黃金有价，王無价，作為玉石之冠的翡翠就更是無价了。翡翠被視為吉
祥物，具有驅邪避兇之魔力。古時＜禮記＞記載：「古之君子必佩玉、玉不離身、君子比德如玉」，
佩帶者平安吉祥、富貴長壽，意義深遠。圓形的翡翠更代表天地間的和諧圓滿，是為君子之象徵。

黑曜石

（針對隱性數5佩帶，以補強所需之能量）

```
1977/3/22
1+9+7+7+3+2+2=31    3+1=4
```

先天數　1977/3/22
後天數　31
主命數　4
顯性數　1、2、3、7數各2個
隱性數　5、6、8可佩帶
　　　　5→黑色/綠色
　　　　6→紅色
　　　　8→深藍色/金色

　　泰順是位電子工程師，每天都需要長時間的用腦，年輕時靠著健康的體力，工作再忙都不嫌累，他的主命數為4，原本就需要穩定的個性才能受得了這種耗費腦力又長期加班的工作。但歲月不饒人，過了30歲以後，只要到了下午，就容易感到頭昏腦脹，無法集中精神工作，而到晚上睡覺的時間，也常常睡不安穩，導致睡眠品質不佳，無法得到充分的休息，長期下來身體的免疫力下降，只要稍微受點風寒就感冒生病。

　　媽媽注意到兒子的狀況，因為工作而累壞了自己的身體，想想兒子整天都得坐在電腦前與程式奮鬥，於是送了他一張黑曜石的坐墊，讓他在上班時也能感受到黑曜石的能量，一段時間後，泰順到下午就頭昏腦脹的情況逐漸改善，晚上也變得容易入睡；甚至連原本容易猶豫不決、前思後想還做不了決定的個性也有了明顯的改善。

　　黑曜石如其名，是黑色的神奇寶石，等級高的黑曜石還會有著漂亮的彩虹光澤。黑色能夠補充海底輪的能量，將身體能量往下帶，現代人常有用腦過度、頭重腳輕的現象，黑曜石可幫助排放體內的廢氣，消除晦氣、濁氣、病氣及霉氣，以及調和身體健康。黑色又有剛強、堅定的力量，十分適合隱性數5的人所佩帶使用。

黑碧璽

（針對隱性數5佩帶，以補強所需之能量）

```
1967/6/9
1+9+6+7+6+9=38
3+8=11    1+1=2
```

先天數　1967/6/9
後天數　38/11
主命數　2
顯性數　1數3個、6數2個、9數2個
隱性數　4、5可佩帶
　　　　4→黃色
　　　　5→黑色

　　甄茹是一位休閒旅遊的採訪記者，因為工作的關係時常需要到處採訪、外宿，有時行程排的太滿，甄茹就會感到過度勞累而導致體內的氣場減弱，晚上睡覺時常會睡得不安穩，不是一直做惡夢，就是感覺被鬼壓床，早晨起床時的感覺和沒睡一樣，身心問題讓甄茹困擾許久，甚至有了離職的念頭。

　　後來同是當採訪記者的前輩得知甄茹有身心交瘁的困擾，便教她將黑碧璽放置於隨身的包包裡，白天當做護身符用，晚上睡覺時將黑碧璽放在床頭，隔絕不好的能量。甄茹依照前輩的指示後，一直無法解決的困擾終於迎刃而解，不但能依既定的行程進行採訪，夜晚也能安穩的睡覺，此後甄茹在工作上如魚得水，整個人變得開朗且快樂。

　　由於黑碧璽的力量威猛，具有強人的避

邪能力，並能強力吸收負面能量，避開不乾淨的靈界物質，它的強烈能量能將你的能量重心往下拉，與大地的能量做連結，讓生活有踏實穩定的感覺，令人有一種真實的存在感。

白水晶

（黑色、白色、藍綠色的寶石，都可增加強大的穩定力。）

　　王媽媽今年六十歲，孩子一個個長大並且各自成家立業，每個人都有自己的家庭要陪伴與照顧，回來陪媽媽的時間變少了，王媽媽頓時之間失去了生活重心，每天除了看電視還是看電視，好像開著電視可以感覺到有點人氣、有人陪伴的感覺，王媽媽連菜市場也很少去，偶爾上一次市場便買下多日份的菜量，她變得足不出戶。

　　有一年過年前女兒陪著王媽媽上街，想買些應景的裝飾替家裡添點年節的喜氣，途中王媽媽看上了一個白水晶的晶柱，王媽媽對這個白水晶晶柱愛不釋手，女兒順著母親的意思買了下來，回家後擺在客廳當裝飾；或許是白水晶具有洗滌負面的能量，放置一

段時間之後，王媽媽變得開朗許多，興起時會到兒女家走動，也會逗著孫子開心地笑，她不再一個人默默地待在家裡對著電視發呆。

王媽媽開始打開心房去嘗試一些不同的事物，參加了社區的一些藝文活動、上長青學苑，甚至加入社區的表演劇團，演出時也嘗試粉墨登場，體驗不同的角色扮演；空閒時也會邀劇團的朋友到家裡面閒聊、泡茶或喝咖啡。母親節時兒子送了一台伴唱機當作禮物，伴唱機更增添了王媽媽的休閒娛樂項目，常常呼朋引伴到家中開懷歡唱，她的人生有了更多的趣味，王媽媽的生活也充實許多。

白色的光其實包含所有色彩，紅、橙、黃、綠、藍、靛、紫，不管是什麼能量，白水晶都能洗滌淨化。又因為白水晶包含了七彩的光，它也像個能量加速器，讓你的心念加速成形，假使是小孩子佩帶，將會有助於專注力的養成，加速學習的效能。

5這個數字，是全部數字的中心，就好比心臟一般，其他數字都是從5輻射出去。在此**強烈建議隱性數5的人，一定要佩帶5數所對應的寶石，來補充能量**。因為5象徵著中心的能量，想要自由、冒險、嘗試不同的事物，就要先穩住自己心中的隱性數，不然容易被外在的事物所影響，猶豫不決而無法下定決心。

綠松石
（針對隱性數5佩帶，以補強所需之能量）

```
1986/2/7
1+9+8+6+2+7=33  3+3=6

先天數  1986/2/7
後天數  33
主命數  6
顯性數  3、6數各2個
隱性數  4、5可佩帶
        4→黃色
        5→綠色/藍綠色
```

書妍是一位剛從師院畢業的學生，離開學校不久就在國小的安親班擔任課輔老師，她具有主命數6數的特質—溫柔、關懷，由於她喜歡和小孩相處，這種個性對於這份工作相當適合，她每天充滿了熱忱關懷教導學生。

但現在的小孩功課繁重且注重人際關係，上班時除了要適度的關心學生以外，重要的是督促他們每日的功課，檢視學童是否完成功課、安排複習進度，讓學生的成績能日漸進步。然而最讓書妍頭痛的莫過於調解學生之間的糾紛，小小的空間裡，排滿了學生座位，因此而顯得擁擠，孩子們時常衝突不斷。「老師，他拿我的橡皮擦。」，「老師，他一直吵我，害我不能寫作業。」，「老師…」

此起彼落的告狀聲充斥整間教室，但為因應零體罰教育，她只能口頭勸導以及盡量把要起衝突的學生拉開，面對一些調皮且不聽勸阻的學生讓書妍覺得充滿了無力感。

除了吵鬧的學生，和家長的溝通更是一門深高的學問，書妍常在下班回家後還得應付家長的電話，談話內容從討論小孩的學習狀況到質問孩子為何學習不良，讓她感覺到個人的生活快要沒有私人的時間，遇到自視甚高或咄咄逼人的強勢家長，溝通的技巧與態度又是一門更大的修練，若是溝通不良或者惹惱家長，轉班退班的情況就會發生，班級人數過少時班主任又會約談，評估是否再續聘。種種狀況讓書妍大感挫折，不知道能不能繼續勝任這份工作。

在因緣際會下，書妍聽從朋友的建議，買了一塊綠松石的墜鍊隨身佩帶，一段時間後，書妍的心靜了下來，她先學習傾聽的技巧，如此便能夠正確的抓到問題重點，在回應及處理方面也更加精準。她的耐心與誠懇使對方的心情能在短時間平復，雙方就能心平氣和地討論問題並找出最好的解決方法。俗話說「相由心生」，書妍的誠懇與耐心使得臉部表情更為柔和，往往能順利的與家長溝通以及排解孩子的糾紛，各方面的連結就像綠松石的網狀圖案，能夠牽絆連結人與人之間的情感。

綠松石的顏色從綠到藍都有，它因產地而有所不同，綠松石的特色是蜘蛛網狀的紋理，紋理線條有粗有細，分布疏密也不盡相同。氣質型的美女，特別適合戴藍綠色的綠松石，偏綠色的則男女皆可。綠色是心輪的顏色，象徵發自內心的溝通，有助於溝通、表達、協調。在工作上，需要與許多人溝通、密切接觸的人，特別適合佩帶。

翡翠玉石

（針對隱性數5佩帶，以補強所需之能量）

```
1976/3/1
1+9+7+6+3+1=27    2+7=9

先天數  1976/3/1
後天數  27
主命數  9
顯性數  1、7、9數各2個
隱性數  4、5、8可佩帶
        4→黃色
        5→綠色/藍綠色
        8→深藍色/金色
```

采薇從年輕時期到30多歲在感情路上一直不太順遂，她無法全心全意的相信一個男人。究其原因為受到她爸爸外遇的影響，父親外遇時她年紀還很小，爸爸毫無留戀地拋下原有的家庭，棄他們於不顧。采薇交往到年紀較輕的男朋友時，她的不安全感就更突顯出來，以致於說不出所以然地和對方分手。這是**隱性數4數的人生課題－源自於家庭問題的不安全感**。

另一方面，采薇的主命數是9，**主命數9數的人，人生際遇往往會很戲劇化**。不久前采薇好不容易交往了一位知心的男友，她下定決心的結婚了，結婚時采薇在腦海中勾勒出幸福婚姻生活的遠景，不料新婚不久對方就出乎意料的不告而別，獨自留她一人和公婆同住，采薇找了一段時間才發現難以置信的真相。原來他先生隱瞞是同性戀的事實，早和另一個男人購屋同居，跟她結婚只是給雙親一個交代。在那段過渡時期，采薇每日都以淚洗面，只怪當初識人不清，然而面對這樣的遭遇，采薇實在難以接受。

朋友給與安慰和鼓勵之外，也建議她佩帶翡翠玉石，綠色的能量對應著心輪，也就是心臟的位置，因此綠色寶石對心臟衰弱的人非常有用。心輪是接收愛與傳達愛的地方，綠色也代表著大自然撫慰的力量，對於內心抑鬱的情緒助益良多。如果不喜歡綠色的人，有可能是內心受過創傷，尤其是年紀越小所發生的事件越容易造成影響。綠色能夠安定組織，它能讓身體、心靈與精神處在一種和諧的狀態中，幫助我們保持中庸之道，找到平衡。

孔雀石
（針對所欲加強之穩定性而配帶）

建弘今年剛滿18歲，他是家中的老么，上面的哥哥、姐姐很多，大家對他疼愛有加，大小事情都替建弘安排妥當，建弘幾乎凡事都不必自己處理，但這種安逸的生活卻成為建弘的致命傷。在兄姐的照顧之下，在處理事情方面他幾乎沒有實質的經驗，兄姐的們各方面的表現都十分的傑出，無論在學業或工作上，兩相比較之下，建弘沒有亮眼的學業成績，也沒有特殊的專長才藝，反而讓他喪失對自己的自信心，他像傀儡一般的生活著，家人說東他就不會朝西，而建弘犯錯時家人更會找理由來為建弘開罪，他是溫室裡的花朵。

大學聯考失利時建弘報名了重考班，這代表他必須多浪費一年的時間，然而建弘卻沒把心思專注在學業上面，高興時才去補習班，不想去時連假都懶得請，「三天捕魚，兩天曬網」是重考這一年的唸書態度，朋友電話邀約，建弘必定參加，心裡明知道應該認真準備重考，實際上卻還是跟朋友漫無目的閒晃，聊些不著邊際的話題，或是和朋友外出旅遊。這就是隱性數5的典型，拿不定主意，容易受外在事物的影響。

最疼她的大姐，看到建弘面對許多事都是三心二意的態度，並且行事不積極，她決定要好好的改變他的觀念，要讓建弘有良好的前途勢必要盡力改變他。除了常與建弘聊天加強建弘對事情該有的想法與態度外，她買了孔雀石讓建弘佩帶。幾個月之後，建弘的態度逐漸有了轉變，他專心於學業上的努力，每天安份地到補習班上課，回家後也能主動複習，並且學會分辨事情的輕重緩急，懂得必須以學業為主，朋友為輔，以這種正確的方式處理生活的重心和時間的分配，大考來臨時建弘的外表看起來也多了幾分自信。

孔雀石的紋路特殊，適合沒有主見的人佩帶，因為它的紋路是漩渦狀的條紋，像圓圈一樣有個中心點，能量也很穩定地圍繞著中心點。如果在學習上遇到困難或工作不順心，甚至開始否定現實，出現「逃避問題」的想法時，孔雀石可以鎮定情緒，帶給你面對現實的正面力量。

接獲小如即將成為六月新娘的喜帖真替她感到開心，仔細一看新郎的名字竟然是阿強，更是令人又驚又喜。當初他們高中時就同校不同班，小如是校長的女兒相貌清秀，知書達理、熱心助人，家中環境優渥。相反的，阿強出生於單親家庭，又是隔代教養較缺乏管教，翹課、打架、鬧事樣樣來，成天都被叫到教官室罰站，在老師眼中是個令人頭痛的問題學生。

但是愛情就是這麼的奇妙，因緣際會下，原本是天差地遠完全不同世界的兩個人卻意外的變成了好朋友，甚至在畢業後更進一步的成為了戀人。雖然阿強在一開始與小如交往時，就先入為主的認為兩個人沒有未來，阿強週遭的一些酒肉朋友，還嘲笑阿強「癩蝦蟆想吃天鵝肉」，讓他一度沒了信心，想放棄這段得來不易的感情。

沒想到小如卻語重心長的告訴阿強：「只要你回到正軌，有穩定的工作，家庭的背景根本不算什麼問題。」

「可是妳父親那邊，對我的刻板印象有辦法改變嗎？」阿強依然擔憂的語氣。

「你別想這麼多，只要你真心改過，我爸會看見的，他其實是個明理的人。」小如肯定的對阿強說。

「好，為了妳，我會做給妳爸看的！」

從此之後，阿強不再和那些狐群狗黨的朋友鬼混，努力地讓自己回歸正常的生活，加上小如貼心的鼓勵之下，阿強努力的取得了多張證照，並且順利找到不錯的工作，薪水也很穩定。他們的感情路，在旁人眼中看來走得份外艱辛，但是他們兩人一點都不氣餒，互相扶持、互相照顧，到了今日終於讓這段感情修成正果，小如的爸爸也放心的將女兒的手，交到了阿強的手上。

數字人生

——

靈數 6 的你

06

Point | 愛情的象徵

個性剖析

上帝在開天闢地的第六天造男造女，因此象徵女性的2及象徵男性的3相乘而成，因此意味著兩性的結合，代表了所有一切的創意、完美與均衡。在親情與婚姻上，具有責任感值得信賴，對於心愛的人總是認真負責、甘願付出，只想著給她一個溫暖的家。但缺點是容易囉唆嘮叨，有時候會缺乏自信心，做事不切實際。

象徵圖騰

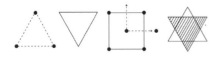

代表意義

人際關係、表達、朋友

人格表現

初階表現：
製造問題、吹毛求疵、易迷失在過多的細節裡、永遠挑剔別人的缺點而無法解決自己的問題、不願意接受真相、逃避、不敢面對。

中階表現：
了解問題、照顧別人、願意承擔責任、有愛心、利己也能利他。

高階表現：
犧牲內心慾求成就他人，在犧牲奉獻的不平衡中，找到自我療癒的方法，進而擁有療癒他人的方法與技巧。

終階表現：
無怨無悔的付出與承擔，明白真愛與完美的意義，學會先疼愛自己才能追求無私無我的真愛。

天賦才能：
懂得照顧別人、疼惜自己，修復情感以及解決問題，並能建立光輝無私的真愛與真善的慈悲世界。

幸運顏色

紅色／橘色、重珊瑚色

對應寶石

紅碧璽、紅玉髓、珊瑚、紅寶石、紅色老琉璃

1_紅碧璽(玫瑰紅碧璽黃寶墜、玫瑰紅碧璽戒)
增強人緣及改善兩性關係。當別人對你有成見時，可佩帶紅碧璽來改善，以及避免不必要誤會。

2_珊瑚(珊瑚墜戒組、珊瑚觀音墜)
代表熱情與激情。可增加佩帶者、持有者的魅力，有助打開心胸且接受感情。有著高度敏感性，提高人的心靈層次，對渾沌不清的局勢有調和的作用。

紅碧璽

色彩迷人多變的寶石。

碧璽是屬於多色的寶石，沒有其它的寶石能像它一樣擁有如此多樣的色彩，其中以紅色最為珍貴。紅碧璽的顏色沒有正紅或大紅，主要是深淺不等的桃紅色。碧璽具有熱情奔放、開朗舒爽的能量，能夠加強人的親和力，改善人際關係；而不同顏色的碧璽也象徵了不同的能量。紅色碧璽對應著人體的海底輪，是最能代表碧璽熱情力量的顏色，佩帶它有助於散發個人魅力的作用。

《紅碧璽的傳說》

紅色碧璽在中國的清朝相當盛行，在眾嬪妃頭頂上的裝飾，或是高級官員官帽上的配飾都使用紅碧璽。在清朝，碧璽常跟玉做搭配製成套鍊，只有地位崇高的官員或貴族才能夠佩帶，用以象徵官階高低或展現身分地位。

紅玉髓

半透明的橙色寶石。

玉髓也是屬於多色的寶石之一，通常將整體呈現橘紅色的玉髓稱為紅玉髓。它的寶石能量能賦予佩帶者好奇心與實踐的勇氣，提高積極的行動力，增加語言及思想的創造力，並使頭腦清晰，對於肝臟的疾病也有相當的幫助。另外，據說將它佩帶於皮膚的表面，能夠治療神經性的疾病，帶來成功與財富。

《紅玉髓的傳說》

紅玉髓是歷史悠久的寶石，最早紅玉髓首飾的出土是在西元前兩千五百年，美索不達米亞的王墓之中，從它被挖掘出來後紅玉髓就被經常被作為雕刻及印章等使用。名聞遐邇的拿破崙在世時的印章就是由紅玉髓所製成，所以對於拿破崙家族來說，紅玉髓即是家族的象徵。

珊瑚

色澤鮮艷的活寶石。

珊瑚是由棲息在海底，名為「珊瑚蟲」腔腸動物所生出的有機骨骼，成分和珍珠類似，經過研磨會發出玻璃般的光亮感。它的種類繁多，不是每一種珊瑚都能被製作成寶石，能夠製成寶石的只佔其中的少數，牠們位於深海，生長速度緩慢、色澤鮮艷，因數量稀少而價格昂貴。由於它原本是具有生命的，所以相較於其他寶石顯得特別有靈性，它的能量能夠放鬆精神，激發潛在能力，帶

來幸運與財富,在佛教中也被視為是佛教七寶之一。

《珊瑚的傳說》

珊瑚的英文名稱是Coral,源自於拉丁語的Corrallium,意思是古希臘神話中的「蛇髮女妖－美杜沙」。希臘神話中,宙斯之子休斯在與美杜沙格鬥時將美杜沙的頭砍下,她的鮮血滴落在海裡幻化成為珊瑚。

紅寶石

熱情如火的寶石之王。

紅寶石是剛玉的一種,稱為「鴿血紅」的紅寶石,透明度是屬於等級極高的紅寶石。一直以來人們對於紅寶石的評價都極高,除了它象徵著愛與熱情之外,據說還擁有使人健康長壽的力量。佩帶它,可以讓人充滿勇氣,讓幸運之神眷顧,還有去除不安與恐懼、逢凶化吉的能量。它如同鮮血一般的色澤,令人相信它具有使心靈重生的靈性力量,並使潛意識中的靈魂覺醒。

《紅寶石的傳說》

紅寶石的英文名稱為Ruby,源自於拉丁文Ruber,意思是紅色。紅寶石在歐洲一直以來都是象徵著鮮血、熱情與火焰;士兵們相信打仗時如果佩帶紅寶石將會受到神話中代表火焰的戰神所保護。還有另一個傳說,緬甸的神話中龍生下三顆蛋,第一顆蛋孵出

了異教徒的國王,第二顆蛋孵出了中國的皇帝,第三顆蛋孵出的是紅寶石,由此可見紅寶石在他們心中地位等同於至高的權力;在古印度中紅寶石也被尊稱為「寶石之王」。

紅色老琉璃

佛教經典中七寶之一的寶石。

琉璃,在中國的古書中又稱流離、璃,是中國古代對來自西域的一種寶石的稱呼。它被譽為中國五大名器(金銀、玉翠、琉璃、陶瓷、青銅)與佛家七寶之一,老琉璃主要是古代修行者所佩帶,有消災解厄、避邪鎮煞、安定情緒、保平安等功用,代表著如意美滿,是吉祥的聖物。它的能量適於人體吸收並產生共振共鳴的效果,凝聚良好氣場,且能中和生活裡不良電磁波的傷害。

《琉璃的傳說》

在中國有一個傳說,據說琉璃這個物質,是古人范蠡在鑄劍時所發現的,他認為這種物質經過烈火百煉竟然還有水晶的陰柔之氣蘊含其間,因此視為天地萬物極至的展現,於是將它進獻給越王。越王念他鑄劍有功,將這物質賜名為「蠡」,然後還給了范蠡。後來,他將「蠡」打造成一件精美的首飾,作為定情物送給了西施。相傳這就是世界最早的琉璃配飾。

1_紅寶石（紅寶石鑽墜、紅寶雙用鑽戒）
主要代表熱情，對於苦難與障礙也不畏懼，紅寶石的能量能指引你得到光輝。若有新事業、新企劃而
準備朝目標出擊時，佩帶紅寶石，可以提高動能，帶來不屈不撓、越挫越勇的精神，使你充滿實現願
望的能量。

2_紅色老琉璃（老琉璃項鍊）
鳩摩羅什譯的《阿彌陀經》所說七寶為金、銀、琉璃、玻璃、硨磲、赤珠、碼瑙。玄奘譯《稱讚淨土
經》所說七寶為金、銀、吠琉璃、頗胝迦、牟娑落揭拉婆、赤真珠（此珠極貴非珊瑚也）。阿濕摩揭拉
婆《般若經》所說的七寶是金　銀　琉璃　珊瑚　琥珀　硨渠　瑪瑙　《法華經》所說的七寶是金
銀、琉璃、硨渠、瑪瑙、真珠、玫瑰。因此老琉璃主要是古代修行者所佩帶，有消災解厄、避邪鎮
煞、保平安等功用。

紅碧璽

（針對隱性數6佩帶，以補強所需之能量）

1984/11/30
1+9+8+4+1+1+3+0＝27　　2+7＝9

先天數　1984/11/30
後天數　27
主命數　9
顯性數　1有3個、9數2個
隱性數　5、6可佩帶
　　　　5→綠色/藍綠色
　　　　6→紅色

有一次靜欣很苦惱的找我聊天，她男友時常挑剔她，例如：做事情粗心大意、行事不拘小節等等，又說上次到男友家裡拜訪，和男友的媽媽聊天時，老人家認為靜欣說話太直，給人沒大沒小的感覺，這次的拜訪惹得伯母不太高興，老人家也說她對男友說話的口氣簡直是頤指氣使，這讓伯母不太滿意，認為靜欣高高在上的指使兒子做事情。聽完男友的抱怨以及至男友家拜訪後，她反倒覺得委屈，認為自己本性耿直、快人快語，她並沒有做錯事，何況男友早已知道她的個性，在自認有理下和男友翻起舊帳，翻舊帳像揭瘡疤，是情侶間最要不得的事情，兩人為此大吵一架，找我聊天時還正在冷戰階段。

靜欣說自己很認真的經營這段感情，同時也規劃了存錢、買房子以及結婚等事項，甚至安排了男友的收支應如何花費等。這是因為靜欣的**生命數中有3個1數，個性直、很直接、想主導。而偏偏她隱性數是6數，比較不會說中聽與應酬性話語，說話的口氣既不甜美也不客氣，對於愛意與善意也不太能表達**。明明想表達的是"我愛你"，因為說話技巧的關係，在對方耳中聽起來，卻可能變成了敷衍了事的情形。聽完她無奈的談話，我建議她可以佩帶紅碧璽來改善這樣的行為。靜欣一開始半信半疑的回答：「可能嗎？不過現在也只能死馬當活馬醫了！」

佩帶紅碧璽可喚起人們內在的愛心，並將這愛昇華成能體恤別人的慈悲，使人更加感性，並能招來愛的訊息。對不善交際或人緣不好的人則可改善其溝通及自我平衡的能力，激發帶有火熱的親和力，增進人與人之間的情誼。

她在佩帶一段時間後，說話不自覺的變得委婉許多，進而學會以柔克剛的道理，嘴巴似乎變甜了，不但讓男朋友笑口常開，對她百依百順，這樣的情況下爭吵自然就變少了；而男友的媽媽在經過幾次見面之後，對她原本的壞印象徹底改觀，覺得靜欣是個不可多得的好女孩。她們一起逛街購物時，有說有笑的情景經常讓店員誤以為她們是一對母女，媽媽也就三不五時的催著兒子趕快把靜欣這個好女孩娶進門。

紅寶石

（針對隱性數6佩帶，以補強所需之能量）

1959/8/3
1+9+5+9+8+3=35　　　3+5=8

先天數　1959/8/3
後天數　35
主命數　8
顯性數　3、5、8、9數各2個
隱性數　2、4、6、7可佩帶
　　　　2→粉紅/珊瑚色
　　　　4→黃色
　　　　6→紅色
　　　　7→紫色

　　隱性數2、4、6的人意味著個性較剛直，缺2的人在感情上易有孤兒情結；缺6的人在成人階段的感情容易受到挑戰與困難；缺4的人對於家庭這個區塊是必須要練習的生命課程。

　　趙姐是個職場上的女強人，性格剛毅、做事果決，能力不輸給男人，然而她的人生卻波折迭起、逆境常存。

　　趙姐和老公共同經營一間公司，倆人胼手胝足、披荊斬棘，好不容易將事業做起來了，沒想到男人飽暖思淫慾，竟然和公司的員工搞外遇，趙姐知道後對方並沒有收斂的

意思，趙姐衡量之下便毅然決然的放棄這段婚姻，也選擇離開了公司，她憑著過去的實力與人脈再成立一間新公司。

　　公司草創初期一切都從零開始，她回復以往的日子，先從小筆的訂單接起，並秉持客戶至上的原則，細心的把顧客所交辦的事穩當的如期完成，也堅持產品的品質，並不會削價競爭，她的腳踏實地、誠實信用深得客戶的喜愛，客戶們一傳十、十傳百，趙姐新公司的業績如預期的蒸蒸日上。相較之下，前夫所經營的公司少了她的打點呈現每況愈下，經常跑三點半、向朋友調度週轉金，公司才勉強支撐的下去，長久下來，「追錢」成了常態，而「追業績」反倒成了其次。

　　現在趙姐在業界稍有名氣，她在苦盡甘來時便買了顆紅寶石犒賞自己，戴著紅寶石項鍊的趙姐，渾身上下充滿著成熟女性的魅力以及自信，不管走到哪裡經常都是人們注意的焦點。由於她高雅出眾、平易近人，也吸引了不少風度翩翩的企業家，希望能和趙姐成為莫逆之交，一起成長、學習。

　　女性佩帶紅寶石會散發女王、女后般的氣勢，顯出高貴、優雅、尊貴，但又不失親和力，因為紅色是愛的顏色，會自然而然的讓人樂於關懷，也能夠主動去關懷別人、愛人，有母儀天下的風範。

紅玉髓

（針對隱性數6佩帶，以補強所需之能量）

```
1933/5/22
1+9+3+3+5+2+2=25    2+5=7
```

先天數　1933/5/22
後天數　25
主命數　7
顯性數　2數3個、3數2個、5數2個
隱性數　4、6、8可佩帶
　　　　4→黃色
　　　　6→紅色/珊瑚色
　　　　8→深藍色/金色

婉玲，天生氣血不足、體質虛弱，凡事都提不起勁來，想做的事往往開始一頭熱，有聲有色地做，但往往又不了了之，尚未完成就覺得累，可以說是個虎頭蛇尾的人，因此她對事情的執行力產生很大的問題。針對婉玲的情況在某次聊天中我才逐漸了解她的家庭狀況，也發現了問題的癥結點。

從婉玲小時候起她的父母親將孩子的生活起居照顧得無微不至，對於孩子的一切行事作為都會完整的掌控，簡單的說就是期望孩子照著他們規劃、鋪好的既定路程前進，父母完全限制孩子自己的想法，所有的事情都直接地幫孩子做決定，包括念哪間大學、選讀父母親認定的，所謂有前途的科系等等，孩子在這樣的環境中成長，卻也都一直依著雙親的意思來做事。

後來我推薦婉玲使用紅玉髓來改善她的問題，沒想到她卻告訴我，她非常排斥紅色，所有隨身使用的東西、物品，她都下意識的避開紅色。我可以理解婉玲的「排斥性」，這是有原因的，每個的顏色都有其相對的意義；婉玲排斥紅色的程度反應了她內心存在著很多憤怒，但卻不敢宣洩出來。

經過溝通之後，婉玲還是願意嘗試佩帶紅玉髓，她也想積極地解決自身的問題。隨身佩帶一、兩個月後，婉玲感覺她的內在似乎有股能量讓身體狀況逐漸改善，整體上精神也好了許多；不但如此，婉玲自覺思緒變得較有條理，懂得打理自己的生活，也能預先想好該如何與雙親溝通。在與父母親良好的溝通下，他們終於同意她往自己的興趣－陶藝做更進一步的發展，婉玲也變得腳踏實地，不再虎頭蛇尾或是有始無終，她在陶藝世界中開展出屬於自己的天空。

紅色－象徵著生存課題，活出自己的「力量」。拒絕紅色的人就體驗不到這種生命感受，而且害怕展現侵略或者憤怒的一面，貫徹力與自信心也大有問題。他們沒有「踏實」的感覺，缺乏安全感，喜歡逃離現實。相對原本排斥紅色的人，一但開始接受紅色，一部份是告訴你，將會有新的生活，並且逐漸邁向實現自我的道路。

1-7 | 生命靈數【7】的你

　　小真是我看過最愛發問的學生，她有那種「打破沙鍋問到底，還問沙鍋在哪裡」的特質，對於她所提出的問題，必須給她一個滿意的答案，不然即使到了下課時間還會纏著老師不放，直到給她一個完整的答覆為止。每次上課時，只要他一舉手發問，同學們就會擺出「喔……又來了。」的無奈表情。

　　有些老師向我反應過她的情形，並且不諱言的對我說：「你們班上小真的情形，會影響到教學的進度，害我常常到最後都必須要趕課。」

　　但是我往往只能微笑著說：「她其實是個好學生，不是故意打斷上課進度的，只是偶爾會提出一些令人啼笑皆非的問題，對學生多些包容吧！」

　　後來有一次去小真家做家庭訪問，和媽媽聊到她在上課時的情形，沒想到她媽媽也是一副好氣又好笑的反應。

　　「我們家小真從懂事以來就是這樣。常常都有問不完的問題。」媽媽邊說邊笑。

　　「也都是不按牌理出牌，想到問題就問嗎？」我好奇的問。

　　「是啊，包括為什麼月亮不在白天出現？螞蟻為什麼都排一整排走路？什麼問題她都想的到。」媽媽把這些都當成笑話一般來講，笑的合不攏嘴。

　　「由此可見她的個性其實是很細心的，對很多事都觀察入微，能發現別人看不到的細節。」我仔細的想了想小真平常的行為。

　　「這麼說也是，她做起家事來真的很細心。」媽媽一臉欣慰的說。

　　結束這次的家庭訪問後，對於小真愛發問的情形我終於理解，自此之後只要她又有問題，我也總會多一些耐心的給予答覆，而不是打壓她對於事物的質疑。天生的強烈求知慾，造就她非弄清楚不可的個性。這樣的孩子，好好栽培的話，未來想必會在她所擅長的領域裡發光發熱，成為一位傑出的人士。

個性剖析

　　熱愛思考、力求公平、喜歡把事情弄個徹底明白。好分析、善批評，也具外交手腕。在某些情況中又會沉迷分析與質疑，不想因決策失誤而產生後悔，常有慢過頭且拖拖拉拉的現象，所以又稱為懶惰數。

象徵圖騰

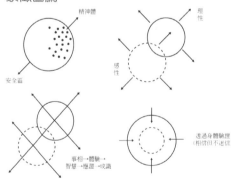

代表意義

　　修智慧、思考分析、修行與創業

人格表現

初階表現：
懶惰、懶散、孤僻、矛盾、害怕改變、不敢冒險、常因恐懼而錯過良機。自大傲慢、自以為是、人際關係防衛心強。

中階表現：
接受真相、面對問題、正視自己的恐懼，不管現實多醜惡都能坦然接受。

高階表現：
了解幸運的真諦，敢為夢想與目標努力且能在夢想與情感中找到平衡而獲得成功。

終階表現：
凡事以真理為基石，做出判斷與行動。想改善事物的時候→提出質疑、找出真相，因此而通往知識的殿堂。在21世紀中知識是新財富來源。

天賦才能：
天生的評論家、哲學家與研究者。

幸運顏色

　　紫色、淡紫色

對應寶石

　　紫水晶、紫瑩石、紫黃晶、舒俱徠石

紫水晶

香醇美酒的寶石。

紫水晶從淡紫色到深紫色都有，呈現深紫色，並帶有玫瑰光澤的紫水，是等級最高的。它又被稱為「智慧之石」，能夠消除精神上的不安與憤怒，穩定內心、改善人際關係、增加智慧、提升記憶力，對於求學和讀書都很有幫助。另外，它也具有讓愛情圓滿的能量，能夠去除負面的情緒，提升靈感與直覺力，並且有穩定人與人之間情感的作用。

《紫水晶的傳說》

紫水晶的英文名稱為Amethyst，源自於希臘原文Amethystos，為「醒酒」或「不醉」之意；古希臘人相信只要佩帶紫水晶，無論怎麼喝酒都不會醉。在希臘神話中，紫水晶是一位美麗少女的化身，月神黛安娜為了讓少女免於被酒神所養的老虎吃掉，將它變為純白透明的石頭，後來酒神將葡萄酒倒在這顆石頭上，白色的寶石瞬間變成深色透明的美麗紫水晶。

紫瑩石

照亮黑暗迎向光明的寶石。

因為瑩石會在黑暗中發光，具有照亮黑暗的力量，象徵著給人帶來希望的意涵。所以當情緒陷入困境，或是需要突破現狀時，隨身佩帶著紫瑩石會讓你帶來新的靈感、提高專注力。另外，紫瑩石具有活化新陳代謝的功能，對於腎臟方面的疾病有治癒的功效。

《紫瑩石的傳說》

在古羅馬時期，瑩石被人們廣泛被用於製作酒杯、花瓶及器皿，他們堅信使用這種寶石會使人延年益壽，而在古埃及，他們將瑩石雕刻成聖甲蟲做為護身符。此外，在中國的古書之中，對於瑩石(即夜明珠)的記載眾多，在清朝也有許多用瑩石製成的宮廷用品，由此可見人們對於瑩石的喜愛程度。

紫黃晶

閃耀紫金光芒的雙色水晶。

紫黃晶具有兩種色光，結合象徵智慧的紫色與代表財運的富貴金黃色，所以它的能量同時對應智慧與財富。由於是兩種色彩的調和象徵著兩股力量的結合，對於人與人之間的磨擦與爭執會產生良好的能量和氣場，據說是最佳的調和石。

紫黃晶兼具了紫晶與黃晶的特質，黃色色光對應太陽輪，可幫助腸胃等消化器官，對皮膚、呼吸系統都有助益。紫色光對應眉輪及頂輪，據說可加強記憶力與注意力，對於腦部的病變及老化均有改善的作用。由於兩個顏色同時存在再一顆晶石上，可提升佩帶者的包容度，對於處在複雜不友善的人際關係中時，可以從容自在的協調，排解周圍的糾葛。

1_舒俱徠石(銀K舒俱萊石墜)
對於情緒及精神過於混亂時有淨化身心的力量。例如：工作時遇到瓶頸、整天愁眉不展且易往壞處思考或當愛情出現問題等等，此時佩帶舒俱徠石可消除這種恐懼、悲哀及憤怒等負面情緒的功效。

2_紫水晶(紫水晶戒)
主要是開智慧、幫助思考、增強記憶能力、集中注意力、平穩情緒、提高直覺力、增進人際關係、給人勇氣，適合求學階段或準備考試的人皆可佩帶。紫水晶在西方國家代表「愛的守護石」，常做為情侶的定情石。能賦予情侶、夫妻間深厚的愛、誠實及勇氣。

3_紫螢石(螢石晶柱)
有提高智力的作用。它能提高集中力與注意力，且可帶來新的靈感和知識。把它放在桌上，或是參加考試時帶在身上，也會增加考試的好運。

1_頂級紫黃晶

2_舒俱徠石(舒俱徠石手鐲)
依據德國水晶治療師海嘉寶汀娜（Helga Ppttinger）指出：「舒俱徠石對癌症、腫瘤等具有保健的效益，造成化療病人的搶購風潮，是最理想的護身石之一。」

3_紫黃晶(紫黃晶墜)
象徵智慧與財富並行，換句話說就是具備紫水晶及黃水晶的雙重功效。具有調合兩種極端能量的功效，最適合親子溝通、情侶、夫妻間、合夥事業、長官部屬溝通的寶石。

《紫黃晶的傳說》

　　傳說中「亞特蘭提斯」城具有相當高的科學發展，他們可運用各色的水晶做為能源，一顆巨型的水晶就足以供應整座城的能源。另外也利用水晶做為藥草替人們治療疾病。而掌管水晶能源的祭司要確保水晶正常的運作，所憑藉的是堅定的意志力，與潔淨的靈魂。由此可見，水晶對於亞特蘭提斯人所象徵的意義是神聖且純潔的。

舒俱徠石

　　靈學家最愛的紫色寶石。

　　舒俱徠石在20世紀才被一位日本地質學家杉健一所發現，因此以他的姓氏命名，所以舒俱徠石又稱做「杉石」，它是屬於稀有的紫色寶石，外觀由各種深淺的紫色與紫紅色交織，有些還深至黑色，"皇家紫"是最優質的顏色，長期佩帶能令顏色的光彩更為加深。

　　不少的催眠師與靈學工作者認為，舒俱徠石的能量能將悲哀、憤怒等負面情感消去淨化，打通靈脈、增強第六感，也有安定精神的作用。也可以用來靜心冥想，藉助其能量來開發自身的靈性，對於身體方面，例

如舒緩頭痛、強化心肺功能，都有一定的效力。

《舒俱徠石的傳說》

　　舒俱徠石能清除、淨化全身脈輪負能量，據説能消除因果業障，改善因果業力導致的無名疾病，亦被稱為「因果石」。此外，依據德國水晶治療師海嘉寶汀娜（Helga Ppttinger）指出：「舒俱徠石對癌症、腫瘤等具有保健的效益，造成化療病人的搶購風潮，是最理想的護身石之一。」

Point | 佩帶寶石案例說明

紫水晶

（針對隱性數7佩帶，以補強所需之能量）

```
1986/6/30
1+9+8+6+6+3+0=33     3+3=6

先天數  1986/6/30
後天數  33
主命數  6
顯性數  3、6數3個
隱性數  2、4、5、7可佩帶
        2→粉紅色
        4→黃色
        5→綠色
        7→紫色
```

　　虹雯各有3個3、6數，完全展現在她的個性上，活潑、靜不下來、愛交朋友，最愛和三五好友相約吃飯、逛街、出遊，她對朋友屬於「肝膽相照」，有什麼好事絕不吝於與他人分享，朋友需要幫忙的時候更是義不容辭。她談過的幾場戀愛中，對象也是朋友群中的成員或是經由朋友介紹，可惜的是虹雯的感情運就沒朋友運這麼順利了。

　　她在墜入愛河後，往往像失去理智般，完全看不到對方的缺點，或者說對方的缺點在她的眼中都成了優點。例如有一任男友要求虹雯無論去哪裡都要打電話向他報備，沒他的應允絕對不能私下與男性友人出去等等，類似無理要求的行徑在虹雯的眼中都變成是一種關愛，但是時間久後這種「關愛」成了限制，虹雯被限制在小小的生活圈中，連和昔日好友喝咖啡也得先讓男友同意才行，而在虹雯無法忍受這種過度關愛時才會選擇離開。

　　元氣大傷的虹雯說：「我再也不要談戀愛了。」

　　我開玩笑的說：「好啊，我帶妳去斬桃花，把一生的桃花都去除掉，這樣妳就可以一個人過生活了，一個人的生活輕鬆一點。」

　　虹雯又連忙說：「不是啦！我只是說說氣話，說真的，幫我想想個辦法，讓我頭腦清醒、理智一些，下次談戀愛時能仔細看人，別再鬼遮眼了。」我笑說那就佩帶紫水晶吧，它可以讓你增長點智慧。

　　紫水晶又被稱「智慧之石」，除了讓你的心思稍微從情愛移開外，也能幫助你將重心放在自己身上，更明心見性的讓自己了解自己，我是誰、我真正要的是什麼？透過紫水晶將精神意識提升，吸引來的對象將會是彼此心靈更貼近的伴侶。

紫黃晶

(針對隱性數7佩帶，以補強所需之能量)

1959/1/23
1+9+5+9+1+2+3=30　　　3+0=3

先天數　1959/1/23
後天數　30
主命數　3
顯性數　1數2個、9數2個、3數3個
隱性數　4、6、7、8可配帶
　　　　　4→黃色
　　　　　6→紅色/珊瑚色
　　　　　7→紫色
　　　　　8→深藍色/金色

浩匡學歷不高但衝勁十足，在水產出口

貿易事業上做得有聲有色，他也是個愛家的人，因此家庭頗為和樂，年近五十的他一直盼望能在原有的事業基礎上更擴大，再創事業高峰。

因此建議他佩帶紫黃晶，因為紫水晶和黃水晶共生的礦物數量稀少。同時具有紫色與黃色的色彩能量，一道向直通頂輪開啟你的智慧，精神上的精進、靈魂上的提升，一道向下增強你的勇氣、意志力與絕對的執行力、兩股力量讓佩帶者心想事成，在現實世界裡顯化自己的夢想，財務上，思考更多元化，用明確的判斷進行明快的投資運用，有實質的收穫。

浩匡在佩帶一段時日之後，在公司的決策上果然更加勇猛果決，將國貿的版圖拓展

到東南亞之外，也累積了足夠的資金再次創業投資，讓他對自己的執行力更加有信心。

舒俱徠石

（針對精神狀態不安而選擇配帶）

許伯伯近七十歲了，幼時曾受過嚴格的宗教教育之苦，他反而變成無神論者，任何有關宗教的事情都非常排斥，在65歲那年突然發現罹有心臟病，經治療後雖然無恙，但必需定期服藥以控制病情，經幾次關心問候後，得知他自從生病後心生惶恐，不知生命所謂何來？要往哪裡去？終日恐懼不安，變得失眠易怒。

後來贈送他舒俱徠石，此石是靈學家最喜愛使用的寶石，具有強大的靈性力量，

後來許伯伯不再對宗教那麼排斥，開始接觸「生死學」相關的話題，也透過宗教參加心靈成長課程，了解生命的意義以及生活目標的探討，此時的許伯伯已不再恐懼「死亡」的問題，他加入醫院的志工行列，一邊服務他人，一邊獲得醫學新知，生活快樂且豐富了許多，讓「知天命，而後從心所欲不踰矩」的真理確實地在他的生活中實踐。

紫色有助於睡眠，安頓心神，尤其是年長者。也能幫助他人重新思考對宗教的排拒，讓心靈脫開桎梏，而紫色是頂輪的顏色，紫色的意義包含療癒、轉化，也是能幫助人與人之間的相處和服務助人的熱忱。

小芬是班上的公關組長，個性活潑開朗、不與人計較，有她在的地方一定是氣氛融洽、笑聲不斷，待人處事上也頗受好評，因此有著不少的朋友群。對於外在的打扮上也能獨樹一格，穿出屬於自己的味道，她的出現常常讓人眼睛為之一亮，宛如一隻翩翩飛舞的蝴蝶，美麗無瑕，為數眾多的男生都對她釋出追求的態度。

公關組長最主要的任務，就是讓班上與外校或外系的學生能夠相互認識；無論是抽學伴、辦聯誼活動，以小芬的個性與她在校內的人脈，只要小芬出面接洽，幾乎沒有搞不定的活動。難怪大學四年以來，公關組長的位置大家都一致認為非小芬莫屬。

畢業後大家都各奔東西，有的繼續深造，有的選擇進入職場。有一次小芬的幾個好姊妹們，一時興起想舉辦個同學會，主辦者無庸置疑的又落在小芬的身上，還好小芬也一向樂於籌畫這樣的活動，同學會當然也順利的舉辦；有幾個同學還帶著各自的男女朋友一同出席。大家聊得正開心的時候，班上的哲宇突然站了起來，清清喉嚨的說：「這次同學會辦的這麼成功，我們大家敬小芬一杯。」

「哎呀，這也沒甚麼，大家開心就好。」小芬連忙的回答。

「除了同學會以外，我個人還要謝謝小芬一件事。」

「什麼事，你快說！」大家不禁好奇的面面相覷，幾個同學按耐不住的問。

「我跟我女朋友年底要結婚了，多虧以前小芬舉辦的聯誼，讓我遇到了我未來的老婆，這個媒人禮，小芬妳可是非收不可喔。」

「真的假的，沒想到我還促成了一段良緣呢！」小芬開心的回答。

隨後大家一陣起鬨，開心著有同學要結婚的喜訊。還是單身的幾個姊妹們，開始鬧著小芬，甚麼時候也幫她們牽個紅線，之後一定也會好好答謝她。

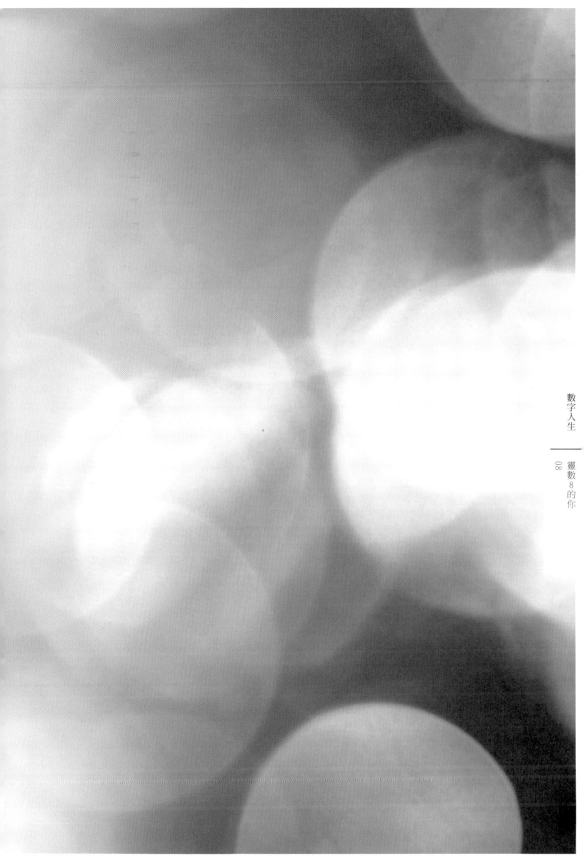

数字人生

———

靈數 8 的你

08

Point | 權力與財富的象徵

個性剖析

　　靈數8的人充滿野心，做起事來相當有魄力與權威性，善於開發。個性敏銳、堅定，喜歡挑戰不同的事物，並具有持之以恆的耐心，十分具有商業頭腦。但缺點是作風強硬、心高氣傲，有時為達目的不擇手段，唯物主義甚重。又被稱為因果數。

象徵圖騰

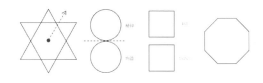

代表意義

　　子女、財運、權力

人格表現

　　初階表現：
　　4數2倍的特質—脾氣急躁、主觀意識強烈、耐心不夠、少為他人設想。
　　2數的3次方—愛說謊、控制別人、頑固、好勝心強、不誠實。

　　中階表現：
　　超強的分析力、堅強的毅力、掌握現有的資源、愛賺錢。沒關係要找關係，有關係就沒關係、財經能力養成。

　　高階表現：
　　高度領導統籌能力、不重蹈覆轍、擅於解決自己與別人的問題、學習金錢與權力的掌控平均。

　　終階表現：
　　有願就有力，平衡物質與精神，高度警覺能力，無限的創造力與創新力。

　　天賦才能：
　　了解因果循環的真理，最終的目的不是為自己。

幸運顏色

　　深藍色、金色

對應寶石

　　青金石、藍寶石、藍色碧璽

Point | 對應寶石介紹

青金石

藍色夜空般引人注目的寶石。

青金石的英文名稱是Lapis，源自拉丁語Lapis Lazuli，意為「藍色的寶石」。是由天藍石等數種礦物構成，大多都會含有黃鐵礦，所以表面呈現金色小斑點，彷彿是佈滿星星的藍色夜空一般。在中國，由於青金石「色相如天」，故備受歷代皇帝的重用，佛教也把青金石的顏色做為佛家莊嚴的形象色彩。

它強大精純的寶石能量據說可以治癒憂鬱症，去除邪念、不安，提高智慧與洞察力。除此之外，佩帶青金石可以刺激新陳代謝，對於循環系統、呼吸系統以及眼部疾病，也都很有幫助。

《青金石的傳說》

傳說在古埃及和美索不達米亞平原，青金石被尊崇為守護冥界旅者的寶石，就連象徵美麗與豐收的女神要前往冥界時，也需要佩帶著青金石做為護身石。在埃及，被視為象徵守護至高真理的聖石，也經常被當作木乃伊的陪葬品，在某法老王的墓穴中，發現竟然連棺木都是由青金石所製成。

藍寶石

守護純潔愛情的寶石。

藍寶石的礦物名稱為剛玉，屬剛玉家族。顏色以印度產"矢車菊藍"為最佳。據說藍寶石能保護國王和君主免受傷害，又有"帝王石"之稱。它也象徵著慈愛、忠誠和堅貞。

在它的寶石能量上，它透明的深青色具有治癒精神的強大力量，釋放對於人的忌妒與憎恨，並讓佩帶者思緒清晰，賦予智慧的

作用。另外，它象徵貞潔的愛情，當另一半背叛你時寶石就會失去光芒。據說藍寶石的光芒能夠看透邪惡的心，唯有被心地善良與誠實的人擁有才會散發出耀眼的光芒。

《藍寶石的傳說》

古波斯帝國認為藍寶石是支撐大地的寶石，當時的人們認為，整個世界是被覆蓋上一個巨大的藍寶石，整個天空都是藍寶石所散發出來的光芒。在歐洲，藍寶石是只有聖職者才能夠觸碰的，也因此在12世紀之後，聖職者的右手經常會戴著象徵神聖的藍寶石戒指。

藍色碧璽

稀有罕見的藍色寶石。

碧璽如書中前文所述，是屬於多色樣的寶石，其中藍色碧璽為極少見的種類。它的能量可以平衡腦部神經，使思想開闊、清澈。藍色對應著喉輪，主溝通與敏感度，佩帶藍色碧璽可以有效地增強溝通能力、表達能力與說服能力。另外，對於過度豪爽、熱情，反而遭他人利用的人，佩帶它也可以平衡這種個性。

《藍色碧璽的傳說》

關於碧璽有個小故事，據說在荷蘭的阿姆斯特丹，有幾個小孩玩著航海者帶回的石頭，小孩們發現將這些石頭放在陽光底下曝曬後會出現的奇異色彩，於是便請叫他們的父母親來看，隨後更驚奇的發現，這些石頭具有能吸引或排斥輕物體（如灰塵或草屑）的力量，因此，荷蘭人把碧璽叫做「吸灰石」。當時不少的水手都用它來清理煙斗裡的煙灰。

1_藍寶石(心型藍寶雙用戒)
代表忠貞的愛,與女神維娜斯有關。當夫妻感情出現不貞時,藍寶石的光澤就會消失暗淡。藍寶石的
光芒對有毒生物具有殺傷力,因此它可保護持有者免於邪惡,心術不正的人持有它,是無法使其發出
光芒的。

2_青金石(青金石墜、青金石手珠)
佩帶青金石可加強洞察力及透視事物內在的本能,有助於頭腦清晰、帶來靈感,適合從事創作之人員
所佩帶。此外,也有降低衝動、冷靜、替熱情降溫等作用。

3_藍色碧璽(罕見藍碧璽墜)
藍碧璽是非常稀少而珍貴的電氣石,就算有錢也不一定買得到!它擁有高頻率振動短波,主要功效在於
促進溝通與敏感度。感冒時拿來輕輕按摩喉部可以緩解病痛,另外,它也可以平衡許多能量,例如:
緊張的人際關係、急躁個性、衝動情緒、太過豪爽慷慨或熱情等等。

Point | 佩帶寶石案例說明

青金石

（針對隱性數8佩帶，以補強所需之能量）
深藍色（加上金色斑點是強化財運最好的）

```
1974/7/5
1+9+7+4+7+5=33    3+3=6
```

先天數　1974/7/5
後天數　33
主命數　6
顯性數　3數2個、7數2個
隱性數　2、8可佩帶
　　　　2→粉紅色/珊瑚色
　　　　8→深藍色/金色

卉瑜在在社區經營健身中心，一段時間之後，成績雖不錯，但總覺得還有很大的開發空間，她渴望能有更好的idea，以便想出更采吸引人的宣傳手法，例如連結網路資源、廣發宣傳單，希望吸引更多的人加入健身中心，也期望參加者都能成為長的固定會員。

因此推薦她佩帶深藍色的青金石，尤其挑選帶有金色斑點的，它是強化財運最好

的選擇，不僅能加強理性／洞察力，更有助於頭腦清晰、帶來靈感，想出與眾不同的宣傳方案。因此適合專業人士，有利於商業地位、晉升更高階級、案子可愈接愈多，財運到人也笑瞇瞇，事業則更好，當敗犬女王也OK。

藍寶石

（主命數8，針對欲加強之能量佩帶）

```
1966/11/2
1+9+6+6+1+1+2=26    2+6=8
```

先天數　1966/11/2
後天數　26
主命數　8
顯性數　1數3個、2數2個、6數3個
隱性數　3、4、5、7

俊安和玫雅是一對歡喜冤家，常把鬥嘴當樂趣，約會總是在鬥嘴中渡過，倆人都展現孩子氣的一面，鬥鬥嘴雖是無傷大雅，但彼此都消耗很多能量和無謂的爭吵，看到威廉王子訂婚的藍寶石，玫雅也「象徵性」地鬥嘴，吵著要俊安買藍寶石對戒，玫雅講的

次數多了，俊安索性就花費大筆銀子滿足玫雅的願望，果真買了藍寶石對戒。

　　玫雅原本只是無心的鬧著，她萬萬沒想到俊安當真的買了對戒，玫雅戴起來的那一刻立即感受到俊安是真心看待兩人的關係，玫雅頓時感到安心，此後再也不搞幼稚的鬥嘴、吵鬧遊戲，相處的品質日益改善，兩人感情變得更成熟、穩重，約會時更會談及未來的規劃，家人都覺得執子之手、與子偕老的美滿日子指日可待了。

　　藍寶石代表忠貞的愛，與女神維娜斯有關。具有讓人更成熟、莊重的能量，對於情侶可讓情感維持穩定，且依然很美好。

藍色碧璽
（針對隱性數8佩帶，以補強所需之能量）

```
1979/3/23
1＋9＋7＋9＋3＋2＋3＝34     3＋4＝7

先天數  1979/3/23
後天數  34
主命數  7
```

顯性數　3數3個，7、9數2個
隱性數　5、6、8可佩帶
　　　　5→黑色/綠色
　　　　6→紅色
　　　　8→深藍色/金色

　　呈宥30歲了，他的3數特質強，躁進、急性子的個性難改，也經常常情緒衝動，讓人覺得他像小毛頭，總是成事不足、敗事有餘，而個人太過豪爽慷慨，金錢的使用像無厘頭般，想到什麼就花什麼，因此經常入不敷出，對自己的財務總是亂七八糟，永遠分不清究竟賺多少？身邊還剩多少錢？單身的他一人吃飽等於全家飽，沒有家累讓他更失去節制力，雖然有想結婚的打算，但是長久下來一直阮囊羞澀甚或寅支卯糧，讓他十分煩惱。

　　建議佩帶藍色碧璽來增加堅定的魄力、權威感，同時透過深藍色帶來清晰的洞察和內省的能量逐漸懂得掌握好資源來做事，學習金錢與權力的掌控均衡，從定期定額的保守基金開始投資，到具敏銳、挑戰的理財嘗試，都因為靈活的商業頭腦而增加了不少的收入；慢慢的累存結婚基金後總算給長年交往的女友一個美好的結局。

2-9 | 生命靈數【9】的你

　　我有個朋友俊傑是個職業軍人，雖然不是長的高大挺拔，但卻短小精幹，正義感十足，總被朋友詡為正義的擁護者。除了平時做善事不落人後之外，見義勇為、拔刀相助的事蹟更是時有所聞。他遇到不公平的事，不管對方是否為人高馬大的彪形大漢，或是位階比他高的長官，他都挺身而出，以道理據理力爭，不爭出一個道理就不會善罷干休，絕對不會摸摸鼻子自認倒楣，或是採取息事寧人的方式。

　　有一次他騎車在路上，碰巧遇上一起搶案，歹徒兩個人騎著一台摩托車，搶了一位阿姨的皮包，隨即逃逸，他一看情況，先叫那位阿姨打電話報警，之後立刻加速追趕那兩名歹徒，追了好幾個街口，轉進一條小巷子裡，歹徒看後方沒有警車，便停下車來準備分贓，一轉眼俊傑便走上前，憑著職業軍人的專業訓練，迅速的制伏兩名歹徒，並等候警察的到來將他們繩之以法。

　　後來那位阿姨順利的拿回她的皮包，並打算包個紅包給俊傑已表謝意。她對著俊傑說：

　　「年輕人，謝謝你啊，現在像你這樣見義勇為的人不多了，這個給你。」說完便要把紅包塞進他手裡。

　　「阿姨，這個我不能收啦，我只是看不過他們光天化日之下當街行搶，替社會盡一份力而已，這份謝禮我真的不能收。」俊傑用認真的表情婉拒了這位阿姨。

　　「好吧，那不然我改天請你吃頓飯總可以了吧。」阿姨越看越喜歡這個年輕人。

　　「阿姨不用這麼客氣啦！」俊傑連忙回答。

　　「一頓飯而已，哪比的上你的功勞，好啦，就這麼說定了。」阿姨十分的堅持。

　　雖然再三的推辭，但為了不辜負阿姨的一番心意，俊傑最後還是答應了。

　　後來吃飯那天阿姨還帶了她的女兒一同前來，兩人年紀相仿又都還是單身，一頓飯吃下來相談甚歡，未來的發展性不難預見，阿姨在旁邊更是開心得連眼睛都笑了。

Point │ 大愛的象徵

個性剖析

　　靈數9的人行動力強,相對的破壞力也強,人生的際遇常有戲劇性的演出,個性天真簡單、充滿童心與好奇心,為人慷慨大方,常有四海之內皆朋友的想法,具有大愛的表現。但缺點是容易感到寂寞、沮喪,甚至有時會自怨自哀!

象徵圖騰

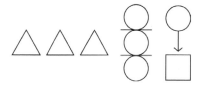

代表意義

　　韌性、堅持的毅力、大愛與完成

人格表現

　　初階表現:
　　空想、愛幻想／沉迷、嗜睡、白日夢、盲目、不切實際、缺乏勇氣。

　　中階表現:

　　公私分明、腳踏實地、有虔誠的宗教信仰(自然療法、順勢療法等)。

　　高階表現:
　　實現理想、服務大眾、頭腦清晰、以自己做榜樣來引導別人(靠智慧 賺錢)。

　　終階表現:
　　靈性、通靈、心靈導師(大愛數)、福慧雙修。

　　天賦才能:
　　超級的服務高手、能讓人覺得被照顧得無微不至。

幸運顏色

　　紫紅色、橄欖綠

對應寶石

　　紅石榴石、橄欖石、葡萄石、西瓜碧璽

1_紅石榴石（紅石榴石手珠）
可使人擁有無法抗拒的魅力及吸引力，招來永恆的幸福與愛情。可增加自信、勇氣，對抗憂鬱，幫助
人面對過去的創傷回憶，用正面的角度去詮釋，達到平靜喜悅的心境。避邪擋煞，成為不受外力侵犯
的守護石。另外，它也可以加強女性特質，改善婦科症狀。

2_橄欖石（橄欖石戒）
對應心輪，可有效緩和心靈的創傷、消除憂鬱症狀。另外，它也可幫助對食物上的吸收。

3_葡萄石（葡萄石戒）
想要達成任何目標的時候，隨身攜帶、佩帶葡萄石，可以增強毅力及提高耐性（心）。

4_西瓜碧璽（西瓜碧璽）
又稱願望石，能幫助願望達成，也能改善人際關係。紅綠碧璽有聚財納富及有助事業發展。健康方面
對於血液循環、關節毛病是一種健康的晶石。

Point | 對應寶石介紹

紅石榴石

照亮諾亞方舟的寶石。

石榴石並非單一礦物的名稱，而是指擁有類似結構的礦物總稱，因為有像石榴種子一樣的結晶體，所以被稱為石榴石；它會依著內部所含的微量金屬不同，而在顏色上有些許的差異，只是大部分都偏紅色。

它具有強大的能量，感覺沉穩的力量對應著海底輪，對於內分泌與生殖系統的健康相當有幫助。石榴石能讓女人產生魅力，增加自信與幸福的寶石，因為它的紅色調，對於感冒、血液循環不良也有所功效。但如果是**高血壓的患者就不建議使用。**

《紅石榴石的傳說》

石榴石是擁有古老歷史的寶石之一，在古埃及與古羅馬，常被當成裝飾品來使用，也有人將它當成止血或身體不適的用藥。石榴石純紅的色澤令人聯想到火燄，在聖經《創世紀》的諾亞方舟中，記載了以石榴石來當做照亮黑暗的火炬光芒；直到中世紀，人們還是相信石榴石有著火焰般的神奇力量。

橄欖石

與太陽神息息相關的寶石。

橄欖石獨特的色彩，從夏季黃昏的黃綠色到深草綠色都有，又被稱為「黃昏橄欖石」，或「西方祖母綠」。橄欖石的色彩艷麗深受人們的喜愛，給人心情舒暢與幸福的滋味，有消災解厄、迎向光明的能量，發揮佩帶者自身的內在美。

人們相信它具有太陽的治癒力，可以緩和情緒，消除神經緊張，對於消化系統也很有幫助。另外，它的能量可以去除悲觀負面的想法，替你帶來勇氣與信心。

《橄欖石的傳說》

在古埃及，人們尊崇橄欖石為「太陽寶石」，即使在黑暗中也能閃閃發亮的特性意味著就算處於困境之中也有希望的光芒。美國的原住民相信，因為橄欖石具有太陽的神聖力量，所以在夜裡能夠驅除惡靈與邪氣，擊退妖魔鬼怪，作為擁有者的守護石。另外，夏威夷人們將其視為「火山寶石」，因為它的小型結晶常出現在火山噴出的火成岩晶洞之中；在當地傳說中，他們相信橄欖石是火山比莉女神的眼淚，具有神奇的能量。

西瓜碧璽

結合愛與堅毅的西瓜寶石。

西瓜碧璽顧名思義就是寶石中心為粉紅色、外為綠色的碧璽，因為極似西瓜的色彩，因以為名。數量稀少且獨特的西瓜碧璽，它的能量能加強刻苦耐勞與堅毅的性格，使人擁有開心、喜悅的心情。粉紅色象徵著愛和喜悅，給予佩帶者愛的力量；而綠色意味治療、健康，能舒緩不安的情緒，消除心中所有的衝突、矛盾，並能加強溝通、協調，處理複雜的局面而得到圓滿結果。

《西瓜碧璽的傳說》

慈禧太后對珠寶的愛好眾人皆知，除了身上的配飾極其奢華，在養身養氣方面也是不遺餘力。據說慈禧太后睡覺時，枕頭底下擺的是西瓜碧璽，巨大的天然碧璽所蘊含的能量讓太后得以吸收天地靈氣，除了有安眠的效果之外，據說還有長生的力量。

葡萄石

晶瑩剔透的水果寶石。

葡萄石的顏色黃中帶綠，加上其內的條紋，乍看之下，就像是剝了皮的葡萄一般，

它們原礦的結晶形狀也十分類似結實纍纍的一串串葡萄，因而得名。綠色原本就是象徵幸運的顏色，經常佩帶可以改善運氣，加強本身的活力、意志力，也具有招財的功用。

傳說中，在睡前輕輕摩擦葡萄石有助於促進預知夢的產生，因而有「預測寶石」的稱呼；這樣的能量也能帶給擁有者從既有的資訊中預見未來事情的能力。同時對於有失眠問題的人，將葡萄石放在枕邊，可以令人安穩入睡，緩和緊張的情緒。

《葡萄石的傳說》

葡萄酒的文化在歐洲的歷史相當久遠，從希臘神話中，酒神－巴可斯的故事情節裡透露著當時葡萄田的耕種與葡萄酒的釀造方法，顯示出葡萄酒對於當時社會的價值。所以當葡萄石第一次傳入歐洲時，它的色澤與原石的形狀儼然就是鮮嫩欲滴的葡萄，不禁讚嘆造物主的神奇力量。

Point | 佩帶寶石案例說明

紅石榴石

（主命數9，針對欲加強之能量佩帶）

1966/1/13
1+9+6+6+1+1+3＝27　　2+7＝9

先天數　1966/1/13
後天數　27
主命數　9
顯性數　1數3個、6數2個、9數2個
隱性數　4、5、8

　　45歲的儀雲有著戲劇性的人生，在嫁給青梅竹馬的豪門之後，順利得子一雙，穩了在婆家的地位，儀雲的際遇羨煞所有的同學，但亮麗的生活也有難以告人的一面，疼愛她的丈夫始終無法停下隨處獵豔的習性。在事業發展到大陸後，先生變得只有過年時才回來團圓，不久就傳來先生車禍身亡的消息。

　　儀雲整理房間時發現所有的貴重物品都消失了，從先生留下的照片和護照看出，原來在台灣的情婦生下小孩後便與先生前往大陸一起生活，從照片全家充滿笑意的臉色可以看出來，這是「一個」和樂的家長。瞬間萬變的當下儀雲有如五雷轟頂，最難消受的是丈夫的背叛她竟然毫無所知，在如此的打擊下儀雲帶著極大的疑惑四處尋求人生的真諦，幾年後她成為優秀的治療師，自療自己後也治療他人。

　　生命數9的人生過程是戲劇性的，個性從沮喪、自怨自哀、冷漠的，變成返老還童的天真、簡單、慷慨、韌性、甚至到大愛。

　　紅石榴石的紫紅色，是象徵治療師的顏色，讓治療師也能補充能量，佩帶紅石榴後的儀雲找到愛的初衷以及對生命的熱情，這個愛的顏色讓她勇於告訴哭泣的人，淚水洗滌後的雙眼將更明亮，風雨考驗過的人生會出現彩虹。

橄欖石

（因工作需要，針對所欲加強之能量佩帶）

1966/1/24
1+9+6+6+1+2+4＝29
2+9＝11　　1+1＝2

先天數　1966/1/24
後天數　29/11
主命數　2
顯性數　1數4個、2數3個、
　　　　6數2個、9數2個
隱性數　3、5、7、8

　　淑蘋在災區重建的學校當導師，責任心重的她，非常仔細的改作業、批寫聯絡簿，整日的工作使她兩眼昏花，更苦惱的是班級中極多數為單親、隔代教養、家庭失能和育幼院的孩子們，這些孩子更需要心理方面的輔導，她總覺得時間永遠不夠用，災後一年，連她都需要求救了。

　　在心輔課程研修中，淑蘋從朋友口中得知橄欖石是黃色加綠色混合而成的橄欖綠，而綠色是心輪，即為愛的能量，黃色則是太陽神經叢，代表感受，收納感受的能量、同理心的能力。對急於尋找心靈力量和教學效率的她，毫不猶豫的佩帶了橄欖石，試用一段時間後淑蘋感覺和孩子的心更近了，同時還能勝任輔導老師的工作，在校務工作也更得心應手。

　　混合兩股能量的橄欖綠更具有女性的領導力，因為經歷過所以懂得苦澀的滋味，溫柔又有力量，懂得體諒體貼人，但也不失原則，以德服人，無形中的領導力讓人心服口服。

西瓜碧璽

（針對所欲加強之能量而選擇配帶）

　　民偉接下爸爸的飲料店，賣傳統的綠豆湯、紅茶，在熱鬧的街道中相當不起眼，生意也不太有起色，幾番思考後想轉型賣手作品格子舖，不但有收入，還可以鼓勵更多年輕人的創意；生日時，女朋友想送他生日禮物，從民偉的情況推薦西瓜碧璽，因為西瓜碧璽同時有兩種顏色，紫紅色加橄欖綠，具有廣納財運，讓財富從四面八方湧來，而且對聚財、納富及事業發展有幫助。

　　戴上女朋友送的西瓜碧璽後民偉更積極地參與社區的委員會、和街坊鄰居聊天、打招呼、成立社區跳蚤市場，因他的「廣結善緣」而認識更多街坊鄰居，手作品格子舖的生意超過預期，新貨一進來立刻銷售出去，幾乎少有庫存，就像西瓜碧璽的能量一樣，一進一出的十分順暢，現在最高興的除了民偉，應該就屬等待事業穩定後，準備結婚的女朋友了。

在生命靈數中，一般人都忽略了【0】這個數字，雖然在主命數、後天數之中，不可能出現加總起來為【0】的結果，但不可否認的，在先天數、顯性數、隱性數之中，都極有可能會出現0這個數字。

例一：
1900/1/10
先天數 1900/1/10
後天數 12
主命數 3
顯性數 3個0數、3個1數
隱性數 4、5、6、7、8

例二：
2001/4/30
先天數 2001/4/30
後天數 10
主命數 1
顯性數 4個0數、3個1數
隱性數 5、6、7、8、9

由以上兩個例子，可看出0這個數字，其實經常出現在我們的生命靈數之中，並定也有它的意義存在，只是常被大家所忽略了。

個性剖析

擁有0這個數字的人，都有一種隱藏自我的傾向，不想或不願將真性情表現於人前，常常會使人看不清，摸不透。個性上非常客氣隨和，很能遷就別人，從不顯露個人想法，以人家的意見為意見。但是有著天生的熱情和樂觀的態度，擁有絕對的信心，和無比的勇氣，愛好冒險，單純大膽，就算真正的冒險存在於眼前，但他們也並不會害怕接受挑戰，真正的在體驗著「活在當下」的力量。善用自已本身所擁有的經驗和力量，並發掘這些經驗所帶來的成長。

象徵圖形

過   現   未
去   在   來

代表意義

一切數字之母，檢討過去，活在每個當下。

數字0的生命目標

沒機會就自己找機會，唯一的不變就是變。

Chapter 3
流年、流月與流日

流月與流日

流年、

流年、流月、流日

何謂流年、流月、流日

〇二

3-1 | 何謂流年、流月與流日

畢達格拉斯曾說:「人類盲從於命運,卻不識命運裡原來有跡可循。」

許多人想藉由數字學與生命靈數預測未來,但沒有人能準確預知未來。因為「未來」是人類身、心、靈、魂的能量相互運作與大自然共同運作,所形成的結果,也造就了我們所謂的真實生活。因此,我們在運用任何一種命運系統預知未來的時候,不用問「未來會發生哪些事?」,而要問「我們將會面對怎樣的機會與挑戰」。生命靈數告訴我們,發生在生活裡的種種事件,是有脈絡可循的循環週期。

當我們在運用生命靈數時,同一時間至少有四種以上的循環週期,在發生作用,其中最簡單也最有用的方法,就是觀察流年、流月、流日的循環週期。每一個人的流年數不同,它是透過我們的出生月、日數與預測當年的數字相加而來。以9年為一個大週期,9月為一個小週期。依此,每一個人的一生會反覆經歷好幾次的生命週期,即好幾個9年的循環。

得知循環週期數的訊息,在你身上所產生的意義,也提示你採取怎樣的生活態度與行動方法,最能趨吉招好緣。如古人言知命、學命、運命、轉命,你將可破命格開展出自己快樂自在的美麗人生。

每個數字都是內在信念或過去經驗,所形成的自我價值觀,表現在外的行為生命狀態。讓自己透過學習,用信任與勇氣讓自己成為"生命的勇士",展開雙臂,勇敢的去經歷。因為每個帶來喜、怒、哀、樂的"事件",都是老天的"限時專送"與"邀請"。也是生命成長的過程。邀請您在繽紛色彩與數字學裡找到你的天賦,並全心全意的創造自己獨一無二的富樂人生。

以下為大家說明計算的方法。
1_流年推算由今年到明年,月數與日數不變,只更改年數。
2_流月推算由這個月到下個月,年數與日數不變,只更改月數。
3_流日推算由今天到明天,年數與月數不變,只更改日數。

簡易訣:

流年遇年改年、流月遇月改月、流日遇日改日

3-2 | 如何計算

流年的算法

把生日裡的月、日加總，所得的數字；加上當年年份加總，所得的數字，即為流年數。

流年數，指的是2次生日之間的一整年。（註1）

例一：
假設今天日期為2011/4/10，生日1月21日。（生日已過，需用當年年份計算）
1+2+1=4　　　今年2011年，2+0+1+1=4　　　流年數：4＋4=8

例二：
假設今天日期為2011/4/10，生日9月15日。（生日未過，需用去年年份計算）
9+1+5=15　→　6　　　去年2010年，2+0+1+0=3　　　流年數：3＋6=9

流年計算表格（註2）

姓名：			西元出生年	月	日	後天數	主命數
1	4	7					
2	5	8		生日前（　　　）		流年數	
3	6	9		生日後（　　　）		（　　　）	

註1：注意被計算者的生日是否已過，會影響計算時所運用的年份不同。
註2：生日未過，用去年的年數計算；生日已過，用本年的年數計算

流年數的內在能量

流年數談論的是內在、外在的能量影響數字，特別需要再加上自己的本命數，就可找到自己在每個年數裡，內外的能量數字。

例一：
假設今天日期為2011/4/10。（生日已過，需用當年年份計算）
1974/3/26 → 32 → 3+2=5　（本命數）
2011/3/26 → 15 → 1+5=6　（流年數）
內在能量：流年數＋本命數，6＋5=11 → 1＋1=2

外在能量數（流年數）　　6
內在能量數（流年數＋本命數）　　2

例二：
假設今天日期為2011/4/10。（生日未過，需用去年年份計算）
1963/8/13 → 31 → 4　（本命數）
2010/8/13 → 15 → 6　（流年數）
內在能量：流年數＋本命數，6＋4=10 → 1＋0=1

外在能量數（流年數）　　6
內在能量數（流年數＋本命數）　　1

流年數字與身體脈輪對應圖

第九輪 白色、多色性
第八輪 紫紅色
第七輪（頂輪） 紫色

第六輪（眉心輪） 寶藍色、藍色

第五輪（喉輪）

第四又二分之一輪 藍綠色

第四輪（心輪） 綠色、橄欖綠

第三輪（胃輪） 黃色、金黃色

第二輪（生殖輪） 珊瑚色、橘色

第一輪（海底輪） 粉紅色、紅色

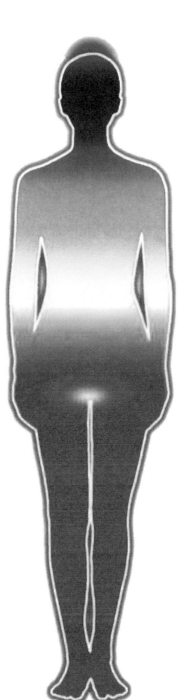

流月的算法

流月數＝流年數＋當月的月份數

例一：
假設今天日期為2011/4/10
1959/1/15 （生日已過）
2011/1/15 → 11 → 1+1=2 （流年數）
流月數＝流年數＋當月的月份數，2＋4＝6 （流月數）

例二：
假設今天日期為2011/4/10
1964/10/7 （生日未過）
2010/10/7 → 11 → 1+1=2 （流年數）
流月數＝流年數＋當月的月份數，2＋4＝6 （流月數）

流日的算法

流日數＝流月數＋當天的日期

例一：
假設今天日期為2011/4/10
1959/1/15 → 31 → 4 （主命數）
2011/1/15 → 11 → 2 （流年數）
流月數＝流年數+當月的月份數，2＋4＝6 （流月數）
流日數＝流月數＋當天的日期，6＋10＝16 → 7 （流日數）

例二：
假設今天日期為2011/4/10
1964/10/7 → 28 → 10 → 1 （主命數）
2010/10/7 → 11 → 1+1=2 （流年數）
流月數＝流年數+當月的月份，2＋4＝6 （流月數）
流日數＝流月數＋當天的日期，6＋10＝16 → 7 （流日數）

　　從上述的計算方法，可以得知，流年、流月、流日這三者息息相關，無法各自獨立存在，也對應著每個人各自的主命數。要算流年數的內在能量，就必須先得知自己的本命數；要算流月數，就必須先得知自己的流年數；要算流日數，就必須先知道自己的流月數。由上而下、先後有序，有著固定的規律可循。

3-3 │ 流年數與寶石的對應關係

流年數1-9的能量解碼

　　數字學揭示了數字對人生所造成的影響力，就像畢達格拉斯曾指出—「一切都是數」。因此「了解數字」也是「明白自己」的必要步驟之一！

1 數的能量－活力新點子

想尋找動力（活力）、靈感、啟示、方法新點子、需要領導、做決策、獨立、效率（化繁為簡）。

注意：不要怕衝突。

2 數的能量－耐心、彈性、注意細節

需要耐性、彈性、注意觀照細節(任何一種關係)、書寫、找人陪談有助緩和情緒、要會表演或掩飾；更需找出新門路，發展人際與創造利潤。

注意：說出自己真正需要，施受平衡。

3 數的能量－好玩的、新鮮的

客觀察看，謹慎行事。需要創造出愛的產品，例如參與公開活動、增加高曝光率、為人服務或協助照顧他人。

注意：盡情的投入，學習練習，用玩樂的心態。

4 數的能量－釐清自己/同理別人

需要找新方法改進現況，有助增加人際與財務上的安全，以及建構人際的基礎。

注意：細心的察覺、愛自己才能愛別人。

5 數的能量－學會自我管理，設定明確的目標

為自己爭取權力時，要先學會服務別人、鼓勵別人，並用柔軟的語言去表達情感！！多利用銷售、表演、網路行銷(一對多)會有意外收穫喔!

注意：比例、輕重緩急，量力而為。（重要、想要、需要）

6 數的能量－量力而為，要有界線

在工作與生活中有承擔新的責任與挑戰，凡事都要兼顧理想與現實。注意身體健康。

注意：家庭、工作、自己，都需要花時間整理。

7 數的能量－接受一切，所有結果都是最棒的禮物

需要清楚且審查事情的原由與真相，不要害怕面對問題，真正〝參與〞，更要設好時限做決定，不能拖拉延時。

注意：適時的獨處，多請益有經驗的人。

8 數的能量－剛柔並濟、突破原有的限制與舊觀念

必須有智慧的處理重大問題與挑戰，訓練自己更有格局(從小愛走到大愛)，找出經營事業人脈的方法並開闢新財源，與更有影響力的人、政商人士接觸，鼓勵自己發揮更大的移動力，並要學會慶祝。

注意：可以喊暫停，邊走邊調整。

9 數的能量－歡樂、幽默、放輕鬆，多到戶外曬陽光

發揮想像力跟別人歡樂，製作夢想版要逐夢踏實!學會每到一個段落就犒賞自己，要有新的好創意，唯一的方法是─不要太嚴肅，保持微笑。

注意：親近大自然，走出自己舊有的模式。

依流年數配戴寶石

【流年數1】

運勢：播種期
象徵意義：播種年、要有行動力
開運色：紅、粉紅色
建議寶石：波蘭紅寶石鹽燈、粉晶原礦

【流年數2】

運勢：萌芽期
象徵意義：訂出自己的目標、重大轉變與調整。舊模式更新、宜談工作、感情。
開運色：橘、珊瑚
建議寶石：玫瑰色鹽燈、橘火蛋白、珊瑚

【流年數3】

運勢：施肥、除草期
象徵意義：想要改變、學習。人際增加、樂觀進取，花錢精算，破土展現。
開運色：黃、金黃
建議寶石：吸金石(黃鐵礦)、蜜蠟原石

【流年數4】

運勢：幼苗成長期
象徵意義：鞏固資源、培養實力並擬定計畫，腳踏實地的做事。
開運色：綠、橄欖綠
建議寶石：孔雀石、橄欖石

【流年數5】

運勢：開花結果期
象徵意義：投機財、廣結善緣突破變動、理財要謹慎。
開運色：藍綠色
建議寶石：秘魯藍寶石、火山藍曜球、綠松石原礦

【流年數6】

運勢：整理期－花果開始凋謝
象徵意義：問題解決的好機會。健康、身體為要，計劃與審慎評估，並主動解決問題，用細心和耐心調整週遭的人、事、物、空間。
開運色：寶藍色
建議寶石：藍寶石、青金石礦

【流年數7】

運勢：觀察期－準備開始修剪枝葉
象徵意義：尋找自我、檢視評估、學習能力佳；內省、喜獨處、充實自己。
開運色：紫、淺紫
建議寶石：紫晶洞、瑩石柱

【流年數8】

運勢：豐收期－耕耘才能豐收
象徵意義：修健康、體力、人際、財運；成果驗收、工作應酬、多貴人，心想事成。
開運色：紫紅色
建議寶石：舒俱徠石、玫瑰碧璽

【流年數9】

運勢：休耕期－放鬆、放慢與慶祝
象徵意義：等待下一個播種季節、完成與放下的一年。提升心靈成長，不宜太大擴展，宜進修、旅行、學習、充電、準備來年的衝刺。
開運色：白色、多色性
建議寶石：貓眼碧璽、白色晶柱、硨磲原球

註：
流年至1、4、7數，可破壞亦可建設
流年至2、5、8數，如何耕種，如何收穫
流年至3、6、9數，宜廣結人脈、大量曝光

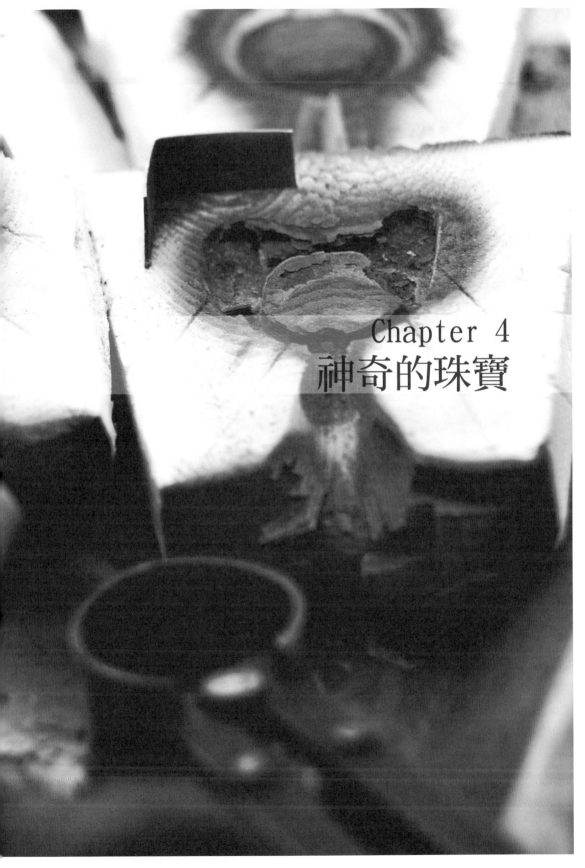

Chapter 4
神奇的珠寶

4-1 │ 常見的寶石類別

紅色－熱情、冒險

紅寶石、石榴石、珊瑚、尖晶石、紅碧璽

橙色－野心、博愛

瑪瑙、橙色剛玉、墨西哥火蛋白石

黃色－知性、活力

黃寶石、琥珀、黃水晶、黃虎眼

綠色－美、生命力

祖母綠、翡翠、橄欖石、孔雀石、葡萄石、捷克隕石

藍靛色－知性、調和

藍寶石、海水藍寶、土耳其石、青金石、風信子、瑪瑙、拓帕石、丹泉石、澳洲蛋白石

紫色－纖細、高貴

紫水晶、紫瑪瑙、瑩石、舒俱來石

粉紅色－戀愛、年輕

珍珠、粉紅剛玉、珊瑚、玫瑰石英、孔賽石、拓帕石、鑽石、粉紅碧璽

黑色－神秘、無秩序

黑曜石、鑽石、尖晶石、黑碧璽、墨翠

白色－貞節、歡喜

珍珠、月光石、白玉、硨磲

褐色－憂愁、自制

茶晶、瑪瑙、碧璽、褐鑽石

無色－不屈服、純潔

鑽石、無色剛玉、白水晶、鋯石

寶石的價格決定因素以概略來說有顏色、透明度、切工、火光、內含物與瑕疵、重量和大小以及價格等，只要能掌握這些重點，懂的比較與挑選，通常不會買的太離譜。

一、顏色

這個重點是挑選有色寶石最重要的部份，要注意，寶石顏色需夠深夠正，也就是該綠則綠，該紅則紅，該白則白，而且同樣商品比較之下，要深的夠"嬌"，越飽和、均勻而鮮豔的寶石，在價格上相對的也會較高。另外挑選時還要注意光源顏色，因為不同的光源會影響有色寶石的顏色。例如，紅寶石在黃色光源下會看來紅且嬌，同樣地，包寶石的襯紙也會影響寶石顏色。

二、透明度

寶石的透明度從不透明→半透明→透明，一般來說通常透明度越高越受歡迎，在價格上也會有所差異。

三、切工與火光

一顆迷人美麗的寶石，加上最適當的切工，會展現無法招架的無限魅力。在切工方面，此技術深深影響一顆寶石的美觀，不過只要不是過於特異的形狀，許多人是都可以接受。大部份的寶石因結晶形狀因素，使得寶石最常見的切割形狀是橢圓形，切工比例好、切割面越多，火光閃爍性也較佳，方法是把同一種寶石擦乾淨擺在指間上，置於同光源，比較其閃爍性，越好的越值得挑。切工方面還需釐清一個觀念，有色寶石為了保持重量，對稱性無法如鑽石的標準，所以在選購時將冠部朝上，看其對稱性如何即可，不必太苛求底部的對稱性。

四、內含物與瑕疵

一顆寶石火光的強弱，與內含物也有關係，天然寶石在形成的過程中，會擄獲週遭的水氣或礦物，產生了氣泡、固體或液體等包裹體，也就是一般所說的雜質、瑕疵，在挑選時，留心其「瑕疵」，一般以肉眼為標準，眼睛若看不到瑕疵，通常就可以接受，不必藉助放大鏡，當然還是以內含物少、越乾淨、透明度高的，價值越高。

五、重量及大小

絕大部份的寶石都以"克拉"為計算單位，寶石的價格與大小有絕對的相關，通常越大、越重的寶石，價格都會相對提高許多，不過，有的寶石不以克拉計，而是以[件]來計。

上述的五點是通則，另外礦源稀有程度、原產地的政治因素、人為炒作、全球經濟狀況等…也與價格有非常大的關係，對消費者來說，最重要的還是挑選信譽可靠的店家。

選購寶石實例說明

寶石的種類繁多，除了上述幾項挑選寶石的重點以外，筆者再針對幾款大眾較為熟知的寶石，簡單說明挑選時該注意的地方。

紅寶石

紅寶石的鑑賞主要觀其顏色，紅寶石的顏色要鮮紅純正，一般顏色濃度中深的紅色為最好，紅寶石另一個鑑賞要點就是瑕疵。紅寶石一般會有裂紋，沒有一點裂紋及瑕疵的紅寶石是極少見的，所謂"十紅九裂"。紅寶石原料或成品的表面或淺部，若見有個別獨立的黑色炭質斑點、斑塊則均為人造紅寶石。再者，有些天然紅寶石內夾有白斑及色彩不均勻者都為真品。但寶石的裂紋、包裹物等瑕疵不要太明顯，不能影響整體美觀。

常見的仿製品：紅色玻璃、紅色石榴石、合成紅寶石、紅色尖晶石、紅色碧璽、玻璃…等。

珊瑚

選購珊瑚要注意顏色均勻、紅豔，比重大，色澤越紅越珍貴。珊瑚的特徵是具有小而淺的圓形凹坑，這是個體珊瑚蟲的生長部位。具有平行的生長紋，橫切面上有像年輪的生長紋，由小至大。有自然的瑕疵，如小白點、小黑點都很正常，並非不良品。顏色是由內而外逐漸加深，越接近表層，珊瑚的顏色越深。

常見的仿製品：染色珊瑚、塑膠染色珊瑚…等。

瑪瑙

一般優質天然瑪瑙有玻璃和油質光澤，最主要的是瑪瑙上有漸層變色，其顏色分明，層次感強，條帶明顯。各種級別的瑪瑙，都以紅、藍、紫、粉紅為最好，顏色要透亮，且應該無雜質、無裂紋。經過精雕細琢而成的瑪瑙，具有較高收藏價值的。瑪瑙的質地很硬，製作起來需要有幾十道工序，所以，造型越是繁複的外形，造價也就越高昂，價值也就越高。

如果在市面上看見雕工特別好的明清老瑪瑙，要當心是現代仿品。因為以當時的雕刻工藝，中間所打的線孔是不可能很平滑的。如果看到很平滑的線孔，基本可判定是仿製品或者是假貨。

常見的仿製品：玻璃染色瑪瑙、塑膠染色瑪瑙…等。

琥珀

琥珀的密度小，因而其手感很輕，內部具有一些小氣泡、小雜質、小星芒，還可能會有一些遠古的動植物殘留物，一般沒有太明顯的睡蓮葉狀裂斑和流動狀的結構。在絨布上摩擦後會產生電荷，能夠吸引碎小的紙屑。天然琥珀會因老化顏色會變暗，但是再造琥珀會老化變白！無鑲嵌的琥珀鏈或珠子放在手中輕輕揉動會發出很柔和略帶沉悶的聲音。如果塑膠或樹脂的聲音會比較清脆。

常見的仿製品：熱處理琥珀、再生琥珀等。

祖母綠

祖母綠寶石與其他寶石不同，其他寶石往往對顏色的級別要求嚴格，色度、色別上相差一點，價格上會有巨大差距，而祖母綠寶石無論是翠綠還是濃綠都各有動人之處，同樣具有昂貴的價格。

祖母綠寶石瑕疵較多，為了掩飾裂隙缺陷，常用油脂或樹脂油等進行浸漬，以消除肉眼可見的明顯裂痕。祖母綠寶石切磨表面可能有雜質外露，常將外露的明顯雜質去除，再用其他材料充填凹坑。

常見的仿製品：石榴石、瑩石、磷灰石、翡翠、輝石、綠柱石…等。

橄欖石

橄欖石的評價與選購，主要依據因素是顏色、重量、切工和包裹體。以金黃綠色和祖母綠色，等級較高。工藝上要求顏色鮮艷、光澤強、透明度好，晶體中無解理、裂隙和其它缺陷為最佳。選購時注意橄欖石特有的橄欖綠顏色是否純正深豔，黃綠色過多反而降低其價值；內部的呈睡蓮葉狀，裂隙和缺陷應盡量少。佩帶時應盡量注意避免碰擊，以免出現裂紋。

常見的仿製品：玻璃、碧璽…等。

紫水晶

由於水晶有很高的折射率。我們可以把水晶放在比較暗的地方，自然水晶光彩會非常的亮。人工養晶和自然寶石級的水晶有一個共同點，就是晶體通透無比，幾乎完全沒有石紋，但是天然水晶會有色差，不可能顏

色都很平均，而人工養晶的顏色通常都是光彩平均。一般的天然水晶的內含物都會帶有雜質、礦痕、或冰裂，而合成水晶或玻璃裡面比較可能會有氣泡。

　　常見的仿製品：玻璃、塑膠、合成水晶…等。

土耳其石

　　土耳其石又稱為「綠松石」，它顏色的獨特性和光澤為它的特徵。它呈淺色到中等色調的藍。有時呈現暗綠色。這種顏色，僅是少數幾種不透明的寶石的特徵。大部分綠松石的拋光面，具半玻璃光澤，且不透明。但等級高的綠松石，拋光面為半透明。

　　區分天然的和合成的綠松石，先是觀察它們的特徵，以及合成品缺乏吸收線，不含有任何鐵質。天然的綠松石總會含有鐵質，所以有一條深藍色的吸收線，同時顏色也較深。

　　常見的仿製品：合成綠松石…等。

藍寶石

　　主要靠硬度測試。因為藍寶石的硬度為9，僅次於鑽石，其他代用品和假冒品的硬度均比它低，對於已琢磨好的成品，可用它來刻劃黃玉、水晶等標準硬度的寶石，看有無刻劃的痕跡，根據硬度就可以判定是否為藍寶石了。

　　天然藍寶石在自然界中，會產生與六邊形晶形平行的"六邊形生長線"。人造藍寶石是在高溫熔爐中生成的，結晶時間很短，結晶是一層一層地增添在弧形寶石的表面上，形成了彎曲的"圓弧形生長線"；凡是有這種圓弧形生長線的藍寶石，就一定是人造品。

　　常見的仿製品：藍尖晶石、藍色碧璽、董青石、藍晶石…等。

鑽石

　　鑽石具有極高的價值，人們一開始進行鑽石貿易時，其仿製品就出現了。所以，準確地鑒定金剛石，識別假冒鑽石，是非常重要的。由於金剛石有著特殊的性質，想要準確地識別它的真假並不困難。鑽石對油脂的親和力很強，閃閃發光的平滑表面如經手觸摸，立即會沾上一層油脂，從而使光亮程度減弱。倘若是假的，光芒的亮度絲毫不減。也小心地刻劃一下玻璃的光滑表面，如果根本劃不出任何傷痕，那一定不是真的鑽石。鑽石還常有一些"天然特徵"，如在晶面上

的溝紋、三角形生長丘等，這些都是鑽石仿製品上見不到的。

常見的仿製品：合成玻璃、合成藍寶石和無色尖晶石、人造鑽石…等。

珍珠

真的珍珠外觀呈圓球形、橢圓形、卵圓形、棒形等，直徑在1－10毫米不等，越大越圓價值越高。表面呈乳白色、黃白色、淺粉紅色、淺藍色等，光滑圓潤、半透明具有美麗的彩色光澤。假的珍珠光澤，有金屬樣的光澤，顏色較暗而無光彩，往往表面會有少量點狀凹陷。真的珍珠質地堅硬，較難破碎，破碎面有同心層紋，略帶鹹味；假珍珠破碎面無層紋或有平行層紋，而且真珠也比假珠要來得重。

常見的仿製品：人造珍珠、塑膠…等。

黑曜石

黑曜石上面會有天然的條紋、或有斑點，有些條紋呈橢圓形狀，也就是俗稱的單眼黑曜或者是雙眼黑曜石。黑耀石中常常會有很多細小的氣泡，並且呈流動構造。不過由於黑耀石的顏色太深，所以如果沒有在強烈的燈光照射下，幾乎是看不到的。真正的黑曜石其實不是黑色，而是深褐色且帶有半透明的，將黑曜石放在強烈的燈光下照射，即可立刻判別真假。

常見的仿製品：黑瑪瑙、煤精…等。

月光石

月光石在礦物學中屬於長石，是長石級寶石中最有價值的。月光石通常是無色到白色，且具有玻璃光澤。從某一角度看它時，會有一種發光效應，好的月光石要求晶體透明，並具有類似遊彩的珍珠光澤或明亮的乳狀光澤，等級最高的呈天藍色或鴿子藍色羽毛的光彩。

常見的仿製品：玉髓、結晶石英、玻璃、塑膠…等。

由於寶石的類別實在是多到不可勝數，在此僅簡單的舉出幾個例子，讓讀者知道如何判別寶石的真假。其實買珠寶最重要的是適合自己，並不一定要穿金戴銀的來彰顯個人特色，魅力與自信是由內而散發出來的，期許各位都能找到自己的人生方向，邁向光明的康莊大道。

紅磐精品・深得您心

本書的宗旨除了推廣生命靈數，
讓讀者能夠找到屬於自己的人生道路之外，
也期望擁有神奇力量的彩色寶石能得到更多世人的喜愛與收藏。

珠寶提供 / 上綺珠寶・聯絡電話 / （06）2890819・傳真 / （06）2890747

開運寶石　精緻手珠

市價
——
1000元

市價
——
2000元

市價
——
3000元

01_缺數2、7，增運寶石：粉晶、紫水晶　　02_缺數2、6，增運寶石：粉晶、紅石榴　　03_缺數4、7，增運寶石：黃水晶、紫水晶　　04_缺數4、5、7，增運寶石：黃水晶、橄欖石、紫水晶　　05_缺數4、6、7，增運寶石：黃水晶、紅石榴、紫水晶　　06_缺數2、4、6、8，增運寶石：粉晶、黃水晶、紅石榴、青金　07_缺數3、4、5、8，增運寶石：海藍玉髓、鈦晶、綠松石、青金　　08_缺數5、8，增運寶石：綠松石、青金　　09_缺數3、8，增運寶石：海藍玉髓、青金（詳細價格請電洽）

《數字珍寶》

hopen
global

課程好康 2 選 1

凡購買《數字珍寶》一書，
憑此頁截角就能以特惠價2500元
參加下列課程(2選1)。課程原價8800元

活動日期：即日起至100年9月底止

◎ **如何快速建立人脈 - 談生命靈數**

自我解盤了解自己、善用流年，
增進生活與工作的運勢，
知運用運，輕鬆加分。

◎ **晶彩人生 - 水晶入門**

水晶是地球千億萬年的珍寶，
擁有天然純粹的能量，
親近它、了解它、善用它，
將帶給你意想不到的好運道！

上課地點：台南市東區崇明路374號5樓
上課時間：早上10:00～下午 4:00
報名專線：06-2908278 / 06-2909815

珠寶加盟
富樂人生

經營珠寶有成多年,首創珠寶連鎖加盟系統,打破傳統珠寶市場封閉與迷思,提供有意願創業對珠寶有高度興趣者,一個快速學習、複製、累積財富的機會。

歡迎想成為珠寶達人的夥伴們,一同

【加入紅磐團隊共創事業高峰,快速累積財富】

紅磐加盟專線:06-2909815 · 2908278

加盟優勢:

· 廣告宣傳、促銷活動及行銷策略的規劃協助
· 品牌授權使用
· 協助店面設計規劃及開店準備工作
· 完整教育訓練12小時以上
· 產品品質的保證
· 擁有設計獨特又流行的商品

紅磐總裁

紅磐關注的是「發現別人沒做過的事,而我們能夠做得好且對人有益的工作,我們才做」。而創業就是和一群理念相同與價值觀相仿的團隊共同成長創業,以讓人享受自信的優越感與快樂;並時時能成就他人且讓生命充滿意義與創新力,才能稱為「好工作、好事業」。紅磐願意成為您的力量,借手邁向卓越富足之路。

紅磐國際關係企業

翔譯珠寶 上綺珠寶 麗綺世界 大集文教服務協會 金象投顧 SD21

中華民國
大集文教服務協會

以推廣**人文心靈教育**為主的公益團體

服務內容

- 辦理各種身心靈平衡活動,協助探索、釐清個人價值觀。
- 推廣親子互動與家庭教育,舉辦相關研習活動。
- 舉辦全國教師身心靈舒壓、教學經驗互動成長公益課程。
- 協辦偏遠地區學校進行小團體身心靈教育輔導。
- 推展志願服務精神,提供志工成長活動,成為心靈陪談志工。

701台南市東區崇學路127號2F　　電話:06-2893778　　傳真:06-2890045
e-mail: dagi.service@msa.hinet.net　　blog: tw.myblog.yahoo.com/da-gi

歡迎各界踴躍捐款,讓我們共同延續愛與關懷。也誠摯歡迎有志者加入我們的義工行列!
捐款戶名:中國民國大集慈善服務協會　　郵政劃撥:31521053

協會宗旨:快樂學習　　落實生活　　健康和諧　　生命志工

數字珍寶－能量寶石開運法

作　　　者　陳盈綺
編輯策劃　陳靖林
執行編輯　詹雁婷、吳婷婷
視覺設計　羅芝菱
行銷總監　白立祥

發 行 人　黃輝煌
社　　　長　蕭艷秋
財務顧問　蕭聰傑
出 版 者　博思智庫股份有限公司
地　　　址　104台北市中山區松江路206號14樓之4
電　　　話　(02)25623277
傳　　　真　(02)25632892

總 代 理　大和書報圖書股份有限公司
電　　　話　(02)89902588
傳　　　真　(02)22997900

印　　　製　禹利電子分色有限公司
定　　　價　320元
第一版第一刷　中華民國100年4月

ISBN 978-986-86264-8-5
2011 Broad Think Tank Print in Taiwan

國家圖書館出版品預行編目(CIP)資料

數字珍寶：能量寶石開運法 / 陳盈綺著. -- 第一版.--
臺北市 : 博思智庫, 民100.04
面 ；　公分. -(美好生活；5)
ISBN 978-986-86264-8-5(平裝)

1.占卜 2.數字 3.寶石 4.改運法

292.9　　　　　　100003868